I0028391

Die Integration neuer Mitarbeiter

Ein Leitfaden für die praktische Anwendung

von

Thorben Lange

Tectum Verlag
Marburg 2004

Lange, Thorben:
Die Integration neuer Mitarbeiter.
Ein Leitfaden für die praktische Anwendung.
/ von Thorben Lange
- Marburg : Tectum Verlag, 2004
ISBN 978-3-8288-8685-8

© Tectum Verlag

Tectum Verlag
Marburg 2004

Inhaltsübersicht

Inhaltsverzeichnis

Darstellungsverzeichnis

Abkürzungsverzeichnis

AC	Assessment-Center
ACT	Assessment-Center-Technik
BetrVG	Betriebsverfassungsgesetz
BR	Betriebsrat
JASchG	Jugendarbeitsschutzgesetz

A. Einleitung

„Heute ist Frau Augustin das erste Mal bei Fischer & Co. Bisher war sie als Hausgehilfin tätig. In diesem Beruf hatte ihr die unregelmäßige Arbeitszeit und das oft sehr persönliche Abhängigkeitsverhältnis nicht mehr gefallen. Nun will sie bei Fischer & Co. als Löterin angelernt werden. Der Pförtner will sie zuerst gar nicht einlassen, denn er kennt sie ja nicht. So muß [!] sie ihm erst lang und breit erklären, was sie will. Er muß [!] erst telefonieren, dann schickt er sie zur Montagewerkstatt. Dort, wo etwa 60 Frauen als Löterinnen tätig sind, findet Frau Augustin nicht gleich den Meister. Als sie ihn endlich findet, ist er wenig begeistert. Er hat kaum Zeit und verweist sie an die Vorarbeiterin Pingelig. Diese zeigt Frau Augustin ihren Arbeitsplatz. Frau Augustin weiß nicht so recht, was sie anfangen soll. Etwas hilflos schaut sie sich um. Die anderen Frauen beachten die die „Neue" kaum, sie müssen ja ihre Arbeit schaffen. Endlich zeigt ihr die Vorarbeiterin die ersten Handgriffe. Es will nicht so recht klappen. Frau Augustin kämpft mit den Tränen. Schließlich wird eine kleine Pause eingelegt. Frau Augustin fragt sich zu den Toiletten durch…"[1]

A.I Problemstellung und Gang der Untersuchung

Sicher kann sich der Leser gut vorstellen, in welcher Verfassung Frau Augustin nach ihrem ersten Arbeitstag bei Fischer & Co. nach Hause kommt und mit welchen Gefühlen sie sich am nächsten Tag wieder auf den Weg zur Arbeit macht. Hier stellt sich die Frage: Muss das so sein?

„Die Auswahl von Mitarbeitern wird in den Unternehmen in der Regel sehr sorgfältig durchgeführt. Kosten für Personalberater, für aufwendiges Personalmarketing und für ausführliche Tests werden nicht gescheut. Personalauswahlentscheidungen zählen unbestritten zu den zentralen Entscheidungen eines Unternehmens. … Der

---

[1] *Golas*, Der Mitarbeiter, 1997, S.88.

Einarbeitung neuer Mitarbeiter wird [aber, T.L.] meist weit weniger Beachtung geschenkt."[2]

Dabei ist diese Aufgabe nicht weniger wichtig als die Personalauswahl. „Die Deckung eines Personalbedarfs kann erst als abgeschlossen betrachtet werden, wenn die stabile Integration des neuen Mitarbeiters in den Betrieb gelungen ist."[3]

„Eine sorgfältige Bewerberauswahl genügt [also, T.L.] nicht, um einen offenen Arbeitsplatz mit einem Mitarbeiter zu besetzen, der dem Betrieb langfristig und engagiert sein Potential zur Verfügung stellt. Häufig ist die Einführung des neuen Mitarbeiters entscheidend für seine spätere Einstellung zu seiner Arbeit, seinen Mitarbeitern, seinen Kollegen, seinen Vorgesetzten und seinem Arbeitgeber sowie für seine Einsatz- und Leistungsbereitschaft."[4]

Den ersten Arbeitstagen kommt somit eine außerordentliche Bedeutung zu. Zahlreiche Untersuchungen haben gezeigt, dass neue Mitarbeiter bereits nach kurzer Zeit für sich entscheiden, ob sie für eine längere Zeit in einem Unternehmen bleiben werden, oder nicht. Diese Fluktuationsbereitschaft nimmt mit steigender Betriebszugehörigkeit deutlich ab (vgl. Darst. 1).[5]

Zudem sind die Kosten, die durch Frühfluktuation entstehen, nicht unerheblich. Sie bewegen sich zwischen 17.500,- € und 130.000,- €.[6] Dies entspricht ca. 50% bis 200% eines Jahresgehalts und ist abhängig von der Qualifikation des betreffenden Mitarbeiters.[7]

Die Kosten entstehen u.a. durch Minderleistungen vor, während und nach der Kündigungsentscheidung, durch seine Entlassung, durch die Anwerbung, Auswahl und Einstellung eines neuen Mitarbeiters, durch dessen Anlernen und Einarbeiten, durch die erhöhte Arbeitsbelastung für die übrigen Mitarbeiter, durch die Störung der Arbeitsabläufe sowie durch Änderungen in Rollenverteilungen und in Kommunikationsnetzen.[8]

---

[2]   Rosenstiel, Mitarbeiterführung, 1999, S.162.
[3]   *Berthel*, Personalmanagement, 2003, S.229.
[4]   *Kratz*, Neue Mitarbeiter, 1997, S.5.
[5]   Vgl. *Rosenstiel,* Mitarbeiterführung, 1999, S.162; ebenso *Berthel*, Personalmanagement, 2003, S.229f.
[6]   Vgl. *Berthel*, Personalmanagement, 2003, S.231.
[7]   Vgl. *Rosenstiel* , Mitarbeiterführung, 1999, S.162.
[8]   Vgl. *Berthel*, Personalmanagement, 2003, S.231.

Darst. 1: Fluktuationsbereitschaft

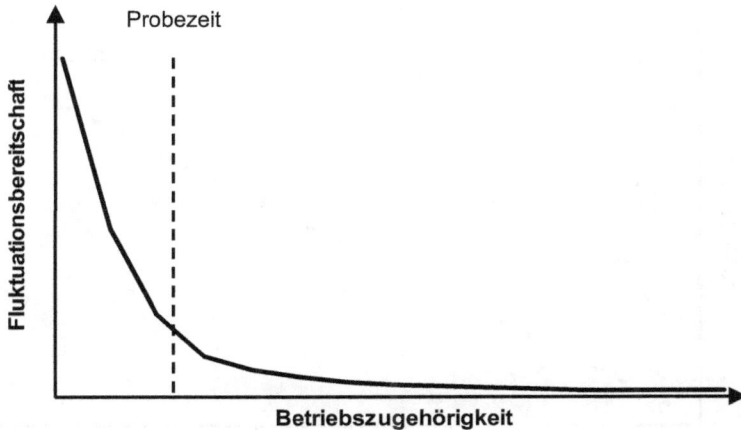

Quelle: Eigene Darstellung in Anlehnung an *Kratz*, Neue Mitarbeiter, 1997, S.12.

Es gibt aber auch Mitarbeiter, die aus verschiedenen Gründen wie z.B. Familie oder Finanzen im Unternehmen bleiben, obwohl sie schlecht oder gar nicht eingegliedert wurden und jetzt unzufrieden, demotiviert und desinteressiert ihre Arbeit verrichten.[9]

Ziel der Einführung bzw. der Integration ist es also, einen möglichst zufriedenen Mitarbeiter zu bekommen, der eine hohe Leistung bringt und dem Unternehmen langfristig erhalten bleibt (vgl. Darst. 2).

Gleichzeitig werden die Fluktuationsbereitschaft und damit verbunden auch die dadurch entstehenden Kosten gesenkt.

---

[9] Vgl. *Rosenstiel*, Mitarbeiterführung, 1999, S.162.

Darst. 2: Ziel der Einführung

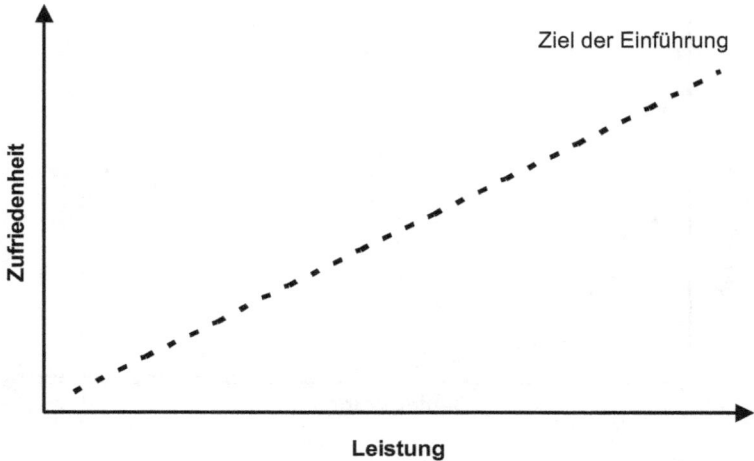

Quelle: Eigene Darstellung in Anlehnung an *Kratz*, Neue Mitarbeiter, 1997, S.11.

Der Mitarbeiter ist nun mal die wertvollste Ressource und der wichtigste Produktionsfaktor des Unternehmens, auf ihn kommt es entscheidend an. Ohne engagierte und kreative Mitarbeiter „raucht der Schornstein" nicht! Ihn vom ersten Arbeitstag an zufrieden zu stellen, muss als die wichtigste Aufgabe des Unternehmens angesehen werden (vgl. Darst. 3).

Die vorliegende Diplomarbeit nimmt sich dieser Problematik an. Sie zeigt die verschiedenen Möglichkeiten einer Integration neuer Mitarbeiter in einem Unternehmen oder in einer Abteilung. Daneben werden aber auch mögliche Probleme des Integrationsprozesses berücksichtigt sowie die Aufgaben der beteiligten Parteien.

Aus Vereinfachungsgründen ist in dieser Diplomarbeit seitens des Autors auf eine Geschlechtertrennung verzichtet worden. Es findet lediglich die männliche Form Verwendung. Gleichwohl ist aber damit auch, wenn es nicht anders erwähnt wird, die weibliche Form gemeint.

Darst. 3: Folgen des ersten Eindrucks

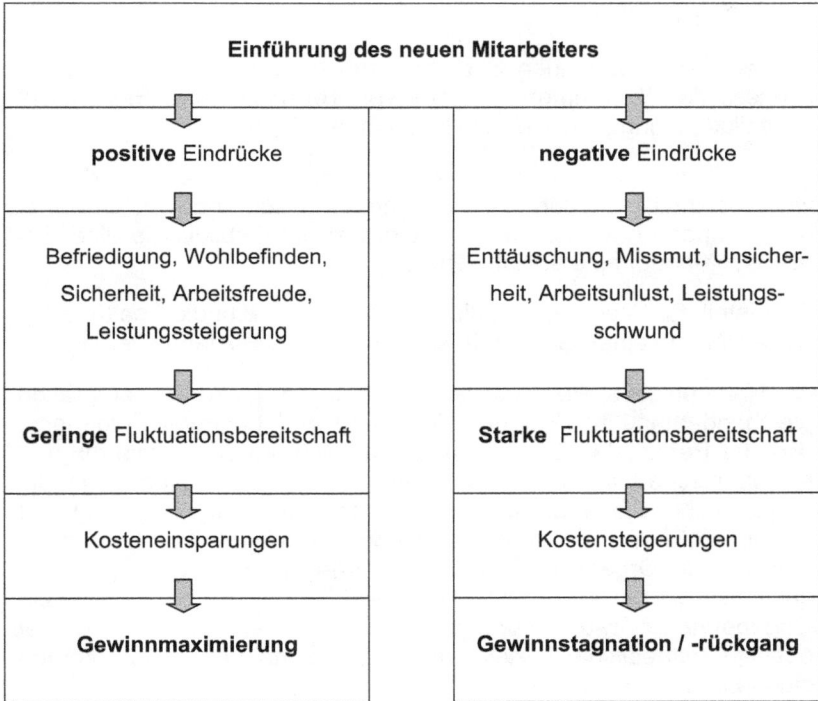

Einführung des neuen Mitarbeiters	
⬇ positive Eindrücke ⬇	⬇ negative Eindrücke ⬇
Befriedigung, Wohlbefinden, Sicherheit, Arbeitsfreude, Leistungssteigerung	Enttäuschung, Missmut, Unsicherheit, Arbeitsunlust, Leistungsschwund
⬇ Geringe Fluktuationsbereitschaft	⬇ Starke Fluktuationsbereitschaft
⬇ Kosteneinsparungen	⬇ Kostensteigerungen
⬇ Gewinnmaximierung	⬇ Gewinnstagnation / -rückgang

Quelle: Eigene Darstellung in Anlehnung an *Kratz*, Neue Mitarbeiter, 1997, S.9.

A.II Definitorische Grundlegung –

Was bedeutet Integration

Bevor sich der Autor mit der Thematik der Mitarbeiterintegration auseinandersetzt, soll zunächst einmal geklärt werden, was unter dem Begriff Integration überhaupt zu verstehen ist und welche Bedeutung er im Rahmen des Personalwesens einnimmt.

Das Wort Integration kommt aus dem Lateinischen und stammt von dem Wort integratio ab, was soviel bedeutet wie „Wiederherstellung eines Ganzen".[10]

Im heutigen allgemeinen Sprachgebrauch wird als Integration der Prozess des Zusammenschlusses von Teilen zu einer Einheit, die Vervollständigung einer Sache bezeichnet.[11]

In der Soziologie bezeichnet es die harmonisch verlaufende bewußtseinsmäßige oder erzieherische Eingliederung von Bevölkerungsgruppen oder Individuen in ein soziales Gebilde wie eine Gemeinschaft oder eine soziale Gruppe.[12]

Gegenteil der Integration ist die Desintegration, d.h. die Spaltung, die Auflösung eines Ganzen in seine einzelnen Bestandteile.[13]

Im Rahmen des Personalwesen steht die Mitarbeiterintegration gleichbedeutend für Personaleinführung und bedeutet Folgendes: „Bei der Personaleinführung handelt es sich um den geplanten und systematischen Integrationsprozess von neuen Mitgliedern in die Organisation. Sie ist der letzte Schritt der Personalbeschaffung. Auf sachlicher Ebene wird eine umfassende Vermittlung von Informationen über die Organisation, den Arbeitsbereich, z.B. Stellung im Produktionsprozess, den Arbeitsplatz oder über weitere organisationale Gegebenheiten wie → Werksbücherei, → werksärztlicher Dienst oder → betriebliche Sozialeinrichtungen angestrebt. Dazu kommt eine laufende fachliche Betreuung während der Einführungsphase.

Auf sozialer Ebene verfolgen Einführungsprogramme das Ziel, neue Organisationsmitglieder in die Sozialstruktur der Organisation einzugliedern und Kontakte mit anderen Kollegen, insbesondere der entsprechenden Arbeitsgruppe, herzustellen."[14]

Kurz zusammengefasst versteht der Autor unter Mitarbeiterintegration den systematischen Prozess der Eingliederung neuer Mitarbeiter auf sachlicher und sozialer Ebene in die Organisation.

---

[10] Vgl. *o.V.*, Duden, Stichwort „Integration", 1994, S.643.
[11] Vgl. *o.V.*, Duden, Stichwort „Integration", 1994, S.643.
[12] Vgl. *Microsoft*, Encarta, Stichwort „Integration", 2002.
[13] Vgl. *o.V.*, Duden, Stichwort „Desintegration", 1994, S.323.
[14] *Weber*, Taschenlexikon, Stichwort „Personaleinführung", 1997, S.206.

Die Möglichkeiten der Gestaltung dieses Prozesses sind einer der Hauptbestandteile dieser Diplomarbeit.

B. Der Integrationsprozess als Bestandteil des Einstellungsprozesses

Die Mitarbeiterintegration ist ein Bestandteil des Einstellungsprozesses, man spricht hierbei auch von einem Stellenbesetzungsverfahren. Um den Integrationsprozess besser in diesen einordnen zu können, skizziert der Autor im Folgenden kurz die einzelnen Phasen eines Einstellungsprozesses.

Er erhebt dabei keinen Anspruch auf Vollständigkeit. Vielmehr soll eine grobe Übersicht verschafft werden, die lediglich eine bessere Einordnung des Integrationsprozesses ermöglichen soll.

B.I Personalbedarfsplanung

Bevor Stellenbesetzungsverfahren gestartet werden, ist es erforderlich, den Bedarf an Personal, der für die Leistungserstellung des Unternehmens erforderlich ist, sowohl in quantitativer wie auch in qualitativer und zeitlicher Hinsicht zu planen. Dies geschieht mit Hilfe der Personalbedarfsplanung.[15]

„Ausgangspunkt jeder Personalplanung ist es [also, T.L.], den gegenwärtigen und künftigen Bedarf an menschlicher Arbeitsleistung … zu bestimmen. Diesem Bedarf ist der vorhandene Bestand gegenüberzustellen und eine Unter- oder Überdeckung aufzuzeigen, aus der dann die notwendigen Maßnahmen abzuleiten sind."[16]

Es wird dabei zwischen dem Brutto-Personalbedarf (BPB, Gesamtheit der benötigten Quantität und Qualität an Arbeitskräften = Soll-Personalbestand) und dem Netto-Personalbedarf (NPB, zu beschaffende bzw. freizusetzende Arbeitskräfte) unterschieden, welcher durch Abzug des Personal-Ist-Bestandes (PIB, vorhandene Ar-

---

[15] Vgl. *Berthel*, Personalmanagement, 2003, S.183; ebenso *Wagner*, Personalleitung, 1992, S.502.
[16] *Bisani*, Personalwesen, 1995, S.223.

beitskräfte) zu einem bestimmten Zeitpunkt vom BPB ermittelt wird.[17]

B.I.1 Quantitative Personalbedarfsermittlung

Die Quantitative Personalbedarfsermittlung erfolgt durch Gegenüberstellung des Soll-Personalbestandes und des Ist-Personal-
bestandes und ergibt je nach Ergebnis die Anzahl der Personen, die
zur Ausführung einer festgelegten Tätigkeit innerhalb einer festgelegten Zeit erforderlich oder zuviel vorhanden sind (Überkapazitä-
ten).[18]

Des Weiteren gilt es, mögliche Zu- und Abgänge von Mitarbeitern
während des Planungszeitraums zu berücksichtigen (vgl. Darst. 4).[19]

Hinzu kommen noch Ausfall- und Fehlzeiten, wie Arbeitsunfähigkeit,
Urlaub, entschuldigtes oder unentschuldigtes Fernbleiben, die in einem Reservebedarf berücksichtigt werden. Ziel ist es hierbei, ein
Optimum zu erreichen, d.h. so viele Mitarbeiter wie möglich, aber
nicht mehr als nötig zu beschäftigen.[20]

---

[17] Vgl. *Berthel*, Personalmanagement, 2003, S.183f; ebenso *Wagner*, Perso-
      nalleitung, 1992, S.503.
[18] Vgl. *Wagner*, Personalleitung, 1992, S.503; ebenso *Bisani*, Personalwesen,
      1995, S.232.
[19] Vgl. *Wagner*, PERSONALLEITUNG, 1992, S.503.
[20] Vgl. *Bisani*, PERSONALWESEN, 1995, S.232.

Darst. 4: Quantitative Personalbedarfsermittlung

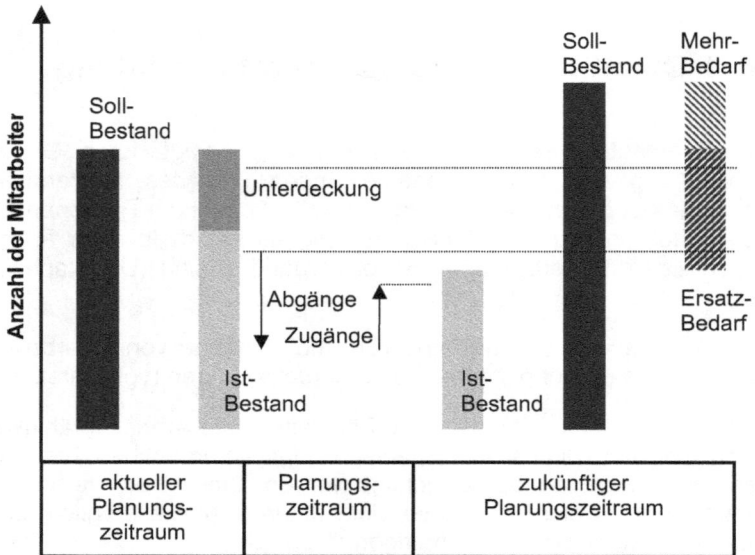

Quelle: Eigene Darstellung in Anlehnung an *Wagner*, Personalleitung, 1992, S.503.

B.I.2 Qualitative Personalbedarfsermittlung

„Die Ermittlung des … Bedarfs ist jedoch nicht nur ein qualitatives Problem. Vielmehr ist auch die erforderliche Leistungsfähigkeit (Können, Wissen, Erfahrung, körperliche und geistige Belastbarkeit usw.) zu berücksichtigen, die die Mitarbeiter mitbringen müssen, wenn sie den gestellten Anforderungen gerecht werden sollen."[21]

„Der qualitative Personalbedarf folgt [demnach, T.L.] aus einem Vergleich der zu besetzenden Stelle und dem Eignungsprofil der

---

[21] *Bisani*, Personalwesen, 1995, S.232.

Kandidaten – der internen und externen Bewerber – für die vakanten Arbeitsplätze."[22] (vgl. Darst. 5)

Darst. 5: Beispiel für ein Anforderungsprofil

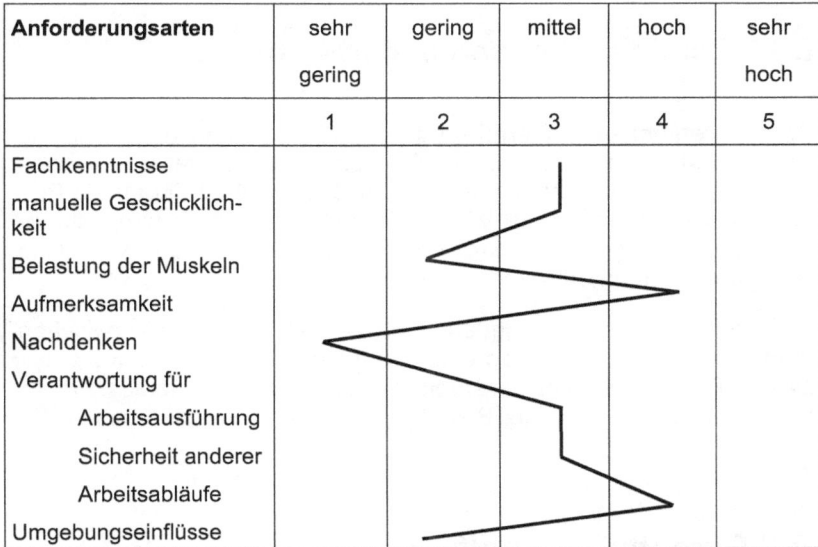

Anforderungsarten	sehr gering	gering	mittel	hoch	sehr hoch
	1	2	3	4	5
Fachkenntnisse					
manuelle Geschicklich-keit					
Belastung der Muskeln					
Aufmerksamkeit					
Nachdenken					
Verantwortung für					
Arbeitsausführung					
Sicherheit anderer					
Arbeitsabläufe					
Umgebungseinflüsse					

Quelle: Eigene Darstellung in Anlehnung an *Bisani*, Personalwesen, 1995, S.233.

„Die Güte, die »Treffsicherheit« betrieblicher Personalpolitik, die dafür sorgen soll, dass der »richtige Mann am richtigen Platz« sitzt, ist abhängig von einer sorgfältigen und zutreffenden Planung der Personalbedarfs-Qualität."[23]

In der Praxis werden die Mitarbeiter deshalb häufig nach Tätigkeits- und Berufsgruppen eingeteilt, um so eine grobe Unterteilung der benötigten Qualifikation zu bekommen: Hilfsarbeiter, angelernter Arbeiter, Facharbeiter, etc.[24]

---

[22] *Wagner*, Personalleitung, 1992, S.505.
[23] *Berthel*, Personalmanagement, 2003, S.184.
[24] Vgl. *Wagner*, Personalleitung, 1992, S.505.

Trotzdem gehört die qualitative Personalbedarfsplanung zu den schwierigsten Problemen der Personalbedarfsermittlung.[25]

B.I.3 Zeitliche Personalbedarfsermittlung

Bei der Personalbedarfsermittlung ist zudem auch noch die zeitliche Komponente zu berücksichtigen. Sie bezieht sich in der Hauptsache auf die Länge des Planungshorizontes. Dabei hängt die ideale Planungslänge davon ab, für welche Teilsysteme die Planung aufgestellt und herangezogen wird. Hinzu kommt ebenfalls die zeitliche Reichweite der Unternehmensplanung.[26]

„Ausschlaggebend ist in jedem Fall die Zeitspanne, die zwischen dem planerischen Erkennen eines quantitativen und qualitativ präzisierten Personalbedarfs und dem Wirkungserfolg derjenigen Maßnahmen liegt, die zu seiner Beseitigung ergriffen werden können."[27]

B.II Personalbeschaffung

Nach der Personalbedarfsermittlung folgt i.d.R. die Personalbeschaffung. Auf das Thema der Personalfreisetzung wird in dieser Diplomarbeit nicht eingegangen, auch wenn dies eine Folge der Personalbedarfsermittlung sein kann, da diese Thematik nicht in den Gesamtkontext der Arbeit passt. Als Stichwort sei hierzu nur der Begriff „Personalüberdeckung" erwähnt. Allerdings dürfte diese Problematik nach Ansicht des Autors und unter Berücksichtigung der für diese Diplomarbeit verwendeten Literatur in einer wissenschaftlichen Arbeit mit dem Schwerpunkt Personalbeschaffung nicht fehlen. Der Schwerpunkt dieser Arbeit ist die „Mitarbeiterintegration".

Was ist unter Personalbeschaffung zu verstehen? Unter Personalbeschaffung versteht man die Suche und die Bereitstellung von Per-

---

[25] Vgl. *Bisani*, Personalwesen, 1995, S.232.
[26] Vgl. *Berthel*, Personalmanagement, 2000, S.184.
[27] *Berthel*, Personalmanagement, 2000, S.184.

sonalressourcen, die der Deckung des Personalbedarfs in qualitativer, quantitativer und zeitlicher Hinsicht dienen.[28]

Dies ist die Aufgabe der Personalabteilung. Sie hat „das notwendige Personal für die vakanten oder in der Planung vakant werdenden oder neugeschaffenen Arbeitsplätze zu besorgen."[29]

Die dabei angewandten Methoden werden i.d.R. danach unterschieden, „ob sich aktivierbare Personalressourcen innerhalb oder außerhalb des Betriebes mit einem Personaldefizit befinden."[30]

Die unterschiedlichen Möglichkeiten der Personalbeschaffung sind in Darst. 6 zu finden.

Darst. 6: Möglichkeiten der Personalbeschaffung

Personalbeschaffung	
Interner Arbeitsmarkt	**Externer** Arbeitsmarkt
• Versetzung	• Arbeitsvermittlung
• Umschulung	• Abwerbung
• Übernahme von Auszubildenden	• Stellenbörsen im Internet
• Umwandlung von Teilzeit- in Vollzeitarbeitsplätze	• Personalleasing
• Überstunden	• Direktkontakte zu Hoch- und Fachschulen
• Sonderschichten	• Stellenanzeigen
• Urlaubsverschiebungen	• personalgerichtete Öffentlichkeitsarbeit
• Erhöhung des Qualifikationsniveaus	• …
• …	

Quelle: Eigene Darstellung in Anlehnung an *Berthel*, Personalmanagement, 2003, S.199.

---

[28] Vgl. *Berthel*, Personalmanagement, 2003, S.199.
[29] *Wagner*, Personalleitung, 1992, S.516.
[30] *Berthel*, Personalmanagement, 2003, S.199.

Zudem unterscheidet man bei den aktivierbaren Personalressourcen, auch Beschaffungspotential genannt, ob es sich um

- o offenes Beschaffungspotential, d.h. Arbeitskräfte, die einen Arbeitsplatz einnehmen können, ohne dass ein anderer inländischer Arbeitsplatz dadurch frei wird (z.B. Arbeitslose, ausländische Arbeitskräfte)

oder

- o latent offenes Beschäfftigungspotential, d.h. Arbeitnehmer, die aus den verschiedensten Gründen gewillt sind, ihren Arbeitsplatz aufzugeben und einen neuen Arbeitsplatz zu suchen (z.B. Abwerbung von Arbeitnehmern aus anderen Unternehmen)

handelt.[31]

Dabei darf vom Arbeitgeber nicht vergessen werden, dass auch das eigene Unternehmen gleichzeitig ein latentes Beschaffungspotential für Konkurrenzunternehmen ist. Er muss daher entsprechende Maßnahmen treffen, zu denen mit Sicherheit auch die Integration neuer Mitarbeiter gehört.

B.II.1   Interner Arbeitsmarkt

Die Personalbeschaffung erfolgt, wie schon erwähnt, auf dem internen und externen Arbeitsmarkt. Dabei gehen Maßnahmen der Personalbeschaffung auf dem internen Arbeitsmarkt denjenigen auf dem externen Arbeitsmarkt vor, um den Mitarbeitern im Unternehmen deutlich zu machen, dass „Aufstieg vor Einstieg" geht. Dies dient neben ihrer Weiterentwicklung auch ihrer Motivation.[32]

„[Zudem ist, T.L.] angesichts der zunehmenden Schwierigkeiten, auf dem externen Markt geeignete und entsprechend spezialisierte und qualifizierte Arbeitskräfte zu finden, .. die Ausschöpfung des internen Arbeitspotentials unerläßlich [!]. Die notwendigen Informationen

---

[31]   Vgl. *Bisani*, Personalwesen, 1995, S.247.
[32]   Vgl. *Bisani*, Personalwesen, 1995, S.247; ebenso *Wagner*, Personalleitung, 1992, S.516.

sind meist ohne Schwierigkeiten und ohne erheblichen Aufwand zu erlangen, wenn eine ausgebaute Personalplanung, verbunden mit einer laufenden bzw. regelmäßigen Mitarbeiterbeurteilung, vorliegt. Allerdings läßt [!] sich das vorhandene Eignungspotential nur dann voll mobilisieren, wenn sich die Beurteilung nicht nur auf die Leistungen der Vergangenheit bezieht, sondern auch die künftigen Entwicklungsmöglichkeiten mit berücksichtigt, und wenn durch geeignete Maßnahmen die Unsitte des sog. Weglobens ungeeigneter Mitarbeiter durch zu gute Beurteilungen genau so unterbunden wird wie der häufig anzutreffende Widerstand der Vorgesetzten, [!] gegen eine Komplettierung und Fortschreibung der "Personalinventurlisten", um gute Mitarbeiter nicht zu verlieren."[33]

Innerbetriebliche Stellenausschreibungen dienen somit der Gewinnung von Stellenanwärtern aus den eigenen Reihen. Sie können sogar vom Betriebsrat verlangt werden (§93 BetrVG), der bei Unterlassen die Zustimmung zur Einstellung externer Bewerber unter Umständen verweigern kann.[34]

Die Vorteile, die sich daraus für den innerbetrieblichen Arbeitsmarkt ergeben, sind vielfältig. Neben der Erhöhung der Mitarbeitermotivation und der Mitarbeiterentwicklung wird u.a. das Auswahlrisiko verringert (Leistung und Persönlichkeit des Mitarbeiters sind bekannt) und die Personalbeschaffung und -auswahl vereinfacht.[35]

Maßnahmen, die der internen Personalbeschaffung dienen, sind u.a.:

o Versetzungen

o Umschulungen

o Übernahme von Auszubildenden

o Umwandlung von Teilzeit- in Vollzeitarbeitsplätze

o Umwandlung befristeter in unbefristete Arbeitsverhältnisse

o Überstunden

o Sonderschichten

---

[33] *Bisani*, Personalwesen, 1995, S.247.
[34] Vgl. *Berthel*, Personalmanagement, 2003, S.200.
[35] Vgl. *Bisani*, Personalwesen, 1995, S.247.

o Urlaubsverschiebungen

o Erhöhung des Qualifikationsniveaus

o ...[36]

Gibt es in den eigenen Reihen keinen geeigneten Bewerber für eine Position, ist es erforderlich, sich auf dem externen Arbeitsmarkt nach geeignetem Personal umzuschauen.

B.II.2 Externer Arbeitsmarkt

Die Personalbeschaffung greift i.d.R. auf den externen Arbeitsmarkt zu, wenn für die Besetzung eines Arbeitsplatzes eine hohe Qualifikation wie z.B. ein Hochschulstudium erforderlich ist und/oder sich geeignete Mitarbeiter nicht in den eigenen Reihen finden lassen.[37]

„Der externe Personalbeschaffungsplan ist nach Berufs- und Tätigkeitsgruppen gegliedert, weil die Personalabteilung ihre Maßnahmen nach den entsprechenden Teilarbeitsmärkten ausrichtet. ... Für den Erfolg der Personalbeschaffung vom externen Arbeitsmarkt ist eine eingehende Kenntnis des Angebotes der regionalen und der nach Berufsgruppen gegliederten Teilarbeitsmärkte erforderlich. Dies sollte durch eine systematische und kontinuierliche Arbeitsmarktforschung sichergestellt werden. Denn wenn z.B. schon im Vorfeld bekannt ist, daß [!] bei bestimmten Berufsgruppen ein Mangel besteht, die Beschaffungszeiträume vom externen Arbeitsmarkt dadurch länger sind, kann dies im Hinblick auf die Auswirkungen auf die operativen Ziele des Unternehmens besser berücksichtigt werden."[38]

Maßnahmen, die der externen Personalbeschaffung dienen, sind u.a.:

o Arbeitsvermittlungen (z.B. Arbeitsamt, private Vermittler)

o Abwerbungen

---

[36] Vgl. *Berthel*, Personalmanagement, 2003, S.199.
[37] Vgl. *Wagner*, Personalleitung, 1992, S.519.
[38] *Wagner*, Personalleitung, 1992, S.519.

o Stellenbörsen im Internet

o Personalleasing

o Direktkontakte zu Hoch- und Fachschulen

o Stellenanzeigen

o personalgerichtete Öffentlichkeitsarbeit

o ...[39]

B.II.3 Interner oder externer Arbeitsmarkt, wo findet die Personalbeschaffung statt?

Ob eine Stelle intern oder extern besetzt werden soll, ist von verschiedenen Faktoren abhängig. Darstellung 7 zeigt eine Gegenüberstellung der Vor- und Nachteile der internen und externen Personalbeschaffung.

Die Bewertung der verschiedenen Beschaffungsmärkte darf sich aber nicht nur auf einen reinen Vorteils-Nachteils-Vergleich beschränken, sondern muss auch immer situationsadäquat ausgerichtet sein. Dennoch ist es nicht verkehrt, die Vor- und Nachteile zu kennen, da sie eine grobe Richtung vorgeben. Es ist aber auch wichtig zu wissen, welche Zielgruppe angesprochen werden soll und ob ein kurzfristiger oder langfristiger Bedarf gedeckt werden soll. Hinzu kommt auch die Wirtschaftlichkeit der einzelnen Maßnahmen, die auf dem internen und/oder externen Arbeitsmarkt getätigt werden. Hier gilt es, das optimale Gleichgewicht zu finden, um das bestmögliche Ergebnis zu erreichen, d.h. die geeignetsten Bewerber zu bekommen.[40]

---

[39] Vgl. *Berthel*, Personalmanagement, 2003, S.199; ebenso *Wagner*, Personalleitung, 1992, S.519f.
[40] Vgl. *Berthel*, Personalmanagement, 2003, S.210f.

Darst. 7: Interne und externe Personalbeschaffung im Vergleich

Interne Personalbeschaffung	Externe Personalbeschaffung
Ökonomische Vorteile:	
• geringe Informationskosten • geringe Zeitverluste der Stellen-besetzung • geringe Verhandlungs-, Einar-beitungs- und Fluktuationskos-ten • geringe Entgelterwartungen der Arbeitskraft in den ersten Einsatzjahren • geringe Kontrollkosten	• größere Auswahlmöglichkeiten • höhere Leistungsbereitschaft, da die subjektiv eingeschätzte Arbeitsplatzsicherheit geringer ist • geringere Kosten bei Personal-abbau • insgesamt niedrigeres Lohnni-veau • Personalentwicklungsaufwand wird als externe Vorleistung mit eingestellt
Aktivierungsausweitende Aspekte:	
Motivationswirkung: • Motivationspotentiale sind be-reits bekannt • geringere Frustrationsgefahr durch unerfüllte Erwartungen • allgemeines Signal für Auf-stiegschancen • Anreize durch offene Konkur-renz um knappe Aufstiegs-chancen, sofern diese erreich-bar scheinen; dadurch auch ge-ringere Gefahr unerwünschter Solidarisierung gegen Unterneh-mensziele • geringere Wahrscheinlichkeit ungeplanter Individualstrategien auf dem Karriereweg *Qualifikationswirkung:* • Qualifikationspotentiale bereits bekannt • Qualifikationen sind leichter un-	*Motivationswirkung:* • Anpassung der Motivationspo-tentiale an aktuell wirksame Umweltentwicklungen • Größere Disziplinierungsmög-lichkeiten des Personals durch externe Alternativen • Aufbrechen bestehender Deu-tungs- und Wertungsmuster • Dispositionsspielraum in der Al-tersstruktur mit lebensalterspe-zifischen Motivationen • Verhinderung von Beförde-rungsautomatismus und Seil-schaftenbildung *Qualifikationswirkung:* • Erwerb neuartiger Qualifikati-onspotentiale, die betriebsintern nicht erzeugt werden können • Verhinderung von

mittelbar betriebsspezifisch nutzbar • Erhaltung betriebsspezifischer Qualifikationen • Unabhängigkeit von extern verfügbaren Qualifikationen	Betriebsblindheit • Chance zur Gewinnung von Informationen über direkte Konkurrenten bzw. mögliche Kooperationspartner
tendenziell **stabilisierend**	tendenziell **flexibilisierend**
Aktivierungsbeschränkende Aspekte:	
Motivationswirkung: • Möglicher Rückgang der Leistungsbereitschaft durch geringe externe Konkurrenz *Qualifikationswirkung:* • Gefahr der Veralterung fachspezifischer Qualifikationen durch fehlende Anreize zur Weiterqualifizierung • Förderung von Betriebsblindheit	*Motivationswirkung:* • Demotivierung des internen Personals durch fehlende Aufstiegsperspektiven *Qualifikationswirkung:* • Höhere Fluktuation verbunden mit der Abwanderung aufgebauter Qualifikationen

Quelle: Eigene Darstellung in Anlehnung an *Berthel*, Personalmanagement, 2003, S.211.

B.III Personalauswahl

Sind die geeigneten Maßnahmen der Personalbeschaffung auf dem internen und/oder externen Arbeitsmarkt ergriffen worden und gibt es eine ausreichende Bewerberanzahl, gilt es bei der Personalauswahl unter den „zur Verfügung stehenden Bewerbern *denjenigen* [*Herv. durch Verf.*] auszuwählen, der am *besten* [*Herv. durch Verf.*] dafür geeignet ist, die der Stelle zugeordnete Funktion wahrzunehmen."[41]

Die „besonderen Schwierigkeiten bestehen darin, aus einem breit gefächerten Spektrum von Leistungs- und Persönlichkeitsindikato-

---

[41] *Richter*, Personalführung, 1989, S.321.

ren, die der Bewerber vorweist oder erkennen läßt [!], zu *diagnosti-zieren* [*Herv. durch Verf.*], inwieweit das betriebliche Anforderungs-profil wohl tatsächlich erfüllt wird, und daraus eine *Prognose* [*Herv. durch Verf.*] über die langfristige Eignung des Bewerbers für die zu vergebene Stelle abzuleiten."[42]

Dabei geht es nicht darum, eine Stelle „um jeden Preis" zu beset-zen. Eher sollte bei unzureichender Eignung der Kandidaten die Su-che erneut gestartet werden, da die Besetzung einer Stelle eine In-vestitionsentscheidung ist, die zum teuren Flop werden kann.[43]

Hinzu kommt, dass Personal, das einmal eingestellt wurde, meist nur unter Schwierigkeiten wieder entlassen werden kann.[44]

B.III.1 Anforderungsprofil

„Voraussetzung einer wirksamen *Bewerberauslese* [*Herv. durch Verf.*] ist die Kenntnis der Anforderungen des zu besetzenden Ar-beitsplatzes. Für die Personalabteilung bedeutet dies, dass sie nicht nur die fachlichen und persönlichen Anforderungen der zu beset-zenden Stelle kennen muss, sondern auch die Struktur und die Ar-beitsweise der Arbeitsgruppe oder Abteilung."[45]

Es sind daher nicht nur „harte Kriterien", wie z.B. Ausbildung oder Fachkenntnisse, die die Eignung eines Bewerbers für eine Stelle beeinflussen, sondern auch sog. „weiche Faktoren". Sie sollen eine Antwort auf die Frage geben, ob ein Bewerber von seiner Persön-lichkeit und Mentalität her in die neue Arbeitsumgebung passt.[46]

Gleichzeitig dürfen aber auch zukünftige Änderungen in der Organi-sation bei der Auswahl nicht vernachlässigt werden. Ein Bewerber sollte auch zukünftig zu erwartende Anforderungen einer Stelle be-wältigen können.[47]

---

[42] *Richter*, Personalführung, 1989, S.323f.
[43] Vgl. *Krieg*, Personal, 1998, S.84.
[44] Vgl. *Jung*, Personalwirtschaft, 2003, S.147.
[45] Jung, Personalwirtschaft, 2003, S.148.
[46] Vgl. *Krieg*, Personal, 1998, S.87.
[47] Vgl. *Krieg*, Personal, 1998, S.87.

Die Auswahl unter den Bewerbern erfolgt dann durch den Vergleich ihrer Ist-Qualifikationen mit dem entsprechenden Anforderungsprofil der zu besetzenden Stelle. Hierzu stehen dem Unternehmen verschiedene Selektionsinstrumente zur Verfügung (vgl. Darst. 8), die im Folgenden kurz erläutert werden.

Darst. 8: Selektionsinstrumente der Personalauswahl

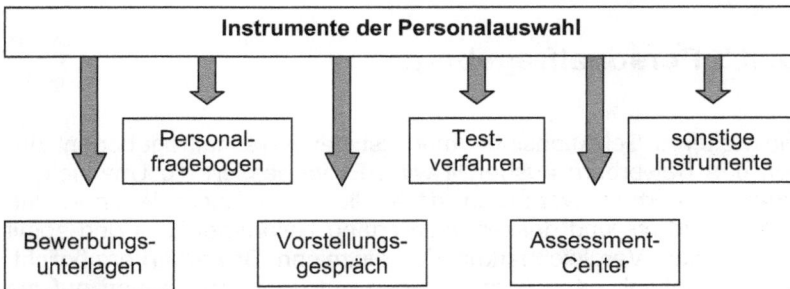

```
┌─────────────────────────────────────────────────────────────┐
│              Instrumente der Personalauswahl                  │
└─────────────────────────────────────────────────────────────┘
        │           │              │              │
        ▼           ▼              ▼              ▼
              ┌───────────┐  ┌───────────┐  ┌───────────┐
              │ Personal- │  │  Test-    │  │ sonstige  │
              │fragebogen │  │ verfahren │  │Instrumente│
              └───────────┘  └───────────┘  └───────────┘
   ▼              ▼              ▼
┌───────────┐ ┌───────────┐ ┌───────────┐
│Bewerbungs-│ │Vorstellungs-│ │Assessment-│
│unterlagen │ │ gespräch  │ │  Center   │
└───────────┘ └───────────┘ └───────────┘
```

Quelle: Eigene Darstellung

B.III.2 Bewerbungsunterlagen

Von den Bewerbern für eine Stellenbesetzung liegen den am Auswahlprozess beteiligten Personen i.d.R. eine Reihe von Unterlagen vor, aus denen sie die Basisinformationen entnehmen können, die einen Bewerber kennzeichnen. Sie bieten zusätzlich die Möglichkeit, ungeeignete Bewerber in einer Vorauswahl auszuschließen, liefern erste Anhaltspunkte für ein Vorstellungsgespräch (siehe auch Pkt. B.III.4) und lassen eine erste Qualifikationsbeurteilung zu.[48]

Zu den Bewerbungsunterlagen gehören i.d.R.:

o Bewerbungsanschreiben

o Lebenslauf

---

[48] Vgl. *Berthel*, Personalmanagement, 2003, S.219.

o Schul-, Ausbildungs-, Studienzeugnisse

o Arbeitszeugnisse

o Lichtbild

o Referenzen[49]

B.III.3 Personalfragebogen

Ein weiteres Selektionsinstrument ist der Personalfragebogen, der von den Bewerbern ausgefüllt wird. Er verbessert die Übersicht in einem Bewerbungsverfahren, da er die Fakten eines jeden einzelnen Bewerbers und dessen Werdegang zusammenfasst und somit eine direkte Vergleichbarkeit der einzelnen Bewerber ermöglicht. Dabei empfiehlt es sich, die Fragen auf dem Fragebogen auf die Daten zu beschränken, die für die Einstellung und spätere Tätigkeit des Bewerbers wichtig sind. Nicht vergessen werden darf, dass die Gestaltung eines Fragebogens gem. § 94 (1) BetrVG von Seiten des BR mitbestimmungspflichtig ist.[50]

Zu den typischen Fragen eines Fragebogens gehören u.a. Fragen

o zur Person des Bewerbers,

o zur Schul- und Berufsbildung,

o zum Wehr- und Zivildienst,

o zur beruflichen Tätigkeit,

o zur momentanen Tätigkeit,

o zum Gesundheitszustand,

o zu Zusatzkenntnissen und

o zu sonstigen, die Einstellung betreffenden Angaben.[51]

---

[49] Vgl. *Jung*, Personalwirtschaft, 2003, S.150f; ebenso *Krieg*, Personal, 1998, S.87f.

[50] Vgl. *Krieg*, Personal, 1998, S.88f; ebenso *Jung*, Personalwirtschaft, 2003, S.155.

[51] Vgl. *Krieg*, Personal, 1998, S.88f; ebenso *Jung*, Personalwirtschaft, 2003, S.155.

B.III.4 Vorstellungsgespräch

Nach der Sichtung und Auswertung der Bewerbungsunterlagen und ggf. der Personalfragebögen kommt es i.d.R. zu Vorstellungsgesprächen. Die Einladungen gehen dabei an die Bewerber, die aufgrund der Anforderungen und ihres Angebots in die engere Wahl für die zu besetzende Stelle gekommen sind.[52]

Das Vorstellungsgespräch dient aus Sicht des Unternehmens u.a. dazu, einen persönlichen Eindruck vom Bewerber zu bekommen, die schriftlichen Unterlagen zu überprüfen und ggf. fehlende Daten zu klären sowie etwas über den Bewerber zu erfahren.[53]

„Dem Bewerber selbst soll das Gespräch die Chance geben, sich ein genaueres Bild über das Unternehmen und das in Frage kommende Arbeitsgebiet zu machen, Entwicklungsmöglichkeiten zu ermitteln und erste konkrete Fragen auf seine eigenen Erwartungen zu erhalten."[54]

Das Vorstellungsgespräch ist das in der Praxis am meisten verbreitete Auswahlinstrument. Vorstellungsgespräche können dabei als Einzel- oder Gruppeninterviews geführt werden.[55]

Es darf aber auch nicht vergessen werden, dass das Vorstellungsgespräch für den Bewerber eine „Alles-oder-nichts-Situation" ist. „Er wird deshalb in ihr seine Chancen dadurch zu optimieren versuchen, daß [!] er sich dem Betrieb als der für die Position „ideale" Bewerber zu präsentieren und gleichzeitig mögliche Schwachstellen zu verstecken bemüht [Herv. durch Verf.]. Der Betrieb muß [!] [daher, T.L.] entsprechend seiner Zielsetzung versuchen, durch rollengemäße Verzerrungen hindurchzuschauen [Herv. durch Verf.] und mit Methoden der Menschenkenntnis.. die wirklichen Dimensionen [Herv. durch Verf.] der fach-, führungs- und persönlichkeitsspezifischen Eignung des Bewerbers zu erfassen."[56]

Den möglichen Ablauf eines Vorstellungsgespräches zeigt die Darstellung 9.

---

[52] Vgl. *Jung*, Personalwirtschaft, 2003, S.162.
[53] Vgl. *Jung*, Personalwirtschaft, 2003, S.162; ebenso *Krieg*, Personal, 1998, S.91f; ebenso *Berthel*, Personalmanagement, 2003, S.223f.
[54] *Jung*, Personalwirtschaft, 2003, S.162.
[55] Vgl. *Berthel*, Personalmanagement, 2003, S.223f.
[56] *Richter*, Personalführung, 1989, S.336.

Darst. 9: Ablauf eines Vorstellungsgespräches

1. PHASE	Begrüßung und Einstieg Informationen zum Unternehmen	*Bewerber wird eingestimmt.* *Kurzer Redeteil des Personalers, damit sich der Bewerber in die Situation einfühlen kann.*
2. Phase	bisheriger Werdegang	*Der Bewerber äußert sich zu einem Thema, das er gut kennt, und kann sich so „freisprechen".*
3. Phase	Bewerbungsmotiv	*Der Personaler will erfahren, wie stark der Bewerber interessiert ist und wie gut er über die Stelle informiert ist.*
4. Phase	Qualifikation und Wissen	*Kann sich der Bewerber durch seine Argumentation als geeigneter Kandidat darstellen?*
5. Phase	Verschiedene Situationen	*Wie würde sich der Bewerber verhalten, wenn...? Welche Einstellung hat der Bewerber zur Arbeit? Wie denkt er über die Zusammenarbeit und den Umgang mit Kollegen, Kunden und Vorgesetzten?*
6. Phase	Arbeitsbedingungen	*Vorstellung des Unternehmens und Klärung der Anstellungskonditionen*
7. Phase	Gesprächsabschluss	*Zusammenfassung der Gesprächsergebnisse und Dank an den Bewerber für sein Interesse und sein Kommen.*

Quelle: Eigene Darstellung in Anlehnung an *Krieg*, Personal, 1998, S.92.

Die Reihenfolge der einzelnen Phasen eines Vorstellungsgespräches unterscheidet sich dabei je nach Autor, lediglich die 1., 6. und 7. Phase müssen als feststehend betrachtet werden. Was den Inhalt der einzelnen Phasen betrifft, so ist dieser weitestgehend identisch.

B.III.5 Testverfahren

Bei Testverfahren handelt es sich um Selektionsinstrumente, bei denen der Bewerber Aufgaben zu lösen hat, deren Ergebnisse Aussagen über bei ihm vorhandene Persönlichkeits- und/oder Qualifikationsmerkmale zulassen sollen. Um dabei möglichst objektive und präzise Ergebnisse zu erreichen, sollten Tests von qualifizierten Fachkräften durchgeführt und ausgewertet werden.[57]

Ein Test sollte, wird er verwendet, mindestens drei Anforderungen gerecht werden:

1. Die Testperson muss typisches Verhalten zeigen können.

2. Das Verhalten muss geeicht, erprobt und zuverlässig messbar sein.

3. Die Ergebnisse müssen für ein zukünftiges Verhalten gültig sein.

Um dies zu gewährleisten, müssen Tests die Gütekriterien der Standardisierung[58], Normierung[59], Objektivität[60], Reliabilität[61] und Validität[62] erfüllen. Nur dann lassen sich ihre Ergebnisse effektiv nutzen.[63]

Bei den Testverfahren selber unterscheidet man drei Arten:

1. **Persönlichkeitstest**: Mit Hilfe von Persönlichkeitstests sollen charakterliche Merkmale und Eigenschaften eines Bewerbers herausgefunden werden.

---

[57] Vgl. *Richter*, Personalführung, 1989, S.332.

[58] **Standardisierung:** Jede Testperson findet für die Erfüllung der gleichen Aufgaben die gleichen Bedingungen vor.

[59] **Normierung:** Ergebnisse eines standardisierten Tests lassen sich in einer Skala eintragen, die relative Position des Ergebnisses lässt eine Aussage über die Leistung der Testperson zu

[60] **Objektivität:** Testresultate sind frei von individuellen Interpretationen, d.h. verschiedene Tester erhalten die gleichen Ergebnisse.

[61] **Reliabilität:** = Zuverlässigkeit; Ergebnisse müssen möglichst genau gemessen werden können.

[62] **Validität:** = Gültigkeit; es muss genau das gemessen werden, was auch gemessen werden soll.

[63] Vgl. *Jung*, Personalwirtschaft, 2003, S.166.

2. **Intelligenztests**: Intelligenztests dienen dazu, etwas über das Urteils- und Denkvermögen eines Bewerbers zu erfahren.

3. **Allgemeine Leistungstests**: Allgemeine Leistungstests werden genutzt, um die Aufmerksamkeit, Konzentration, etc. eines Bewerbers zu messen, da für die Erfüllung einer Aufgabe nicht immer nur intellektuelle Fähigkeiten ausreichen.[64]

Der Vorteil von Testverfahren liegt darin, dass sie einem Unternehmen ermöglichen, eine große Zahl von Bewerbern unter gleichen Bedingungen einzuschätzen. Die Aussagekraft von Tests ist allerdings unterschiedlich und kann nicht pauschalisiert werden. Hier kommt es auf das jeweilige Testverfahren an.[65]

B.III.6 Assessment-Center

Assessment-Center werden in der Praxis vor allem dann eingesetzt, wenn es auf eine ausgeschriebene Stelle eine Vielzahl von Bewerbern gibt. Daher sind es zumeist Großbetriebe, die die Assessment-Center-Technik (ACT) einsetzen.[66]

Bei einem Assessment-Center „handelt es sich um ein zumeist mehrtägiges *Diagnose- und Auswahlverfahren* [*Herv. durch Verf.*], in dem gleichzeitig *mehrere* [*Herv. durch Verf.*] Kandidaten *verschiedene* [*Herv. durch Verf.*] Evaluationstechniken unterworfen werden. Auf spezielle Anforderungsprofile ausgerichtet umfasst das Assessment-Center Kombinationen von Tests verschiedener Art, Interviews durch Einzelne oder Gutachtergruppen, simuliertes und beobachtetes Bearbeiten praxisnaher Entscheidungsprobleme, Gruppendiskussionen mit oder ohne Diskussionsleiter, Gruppenplanspiele und anderes mehr. Die Ergebnisse des Assessment-Centers erlauben wertvolle, weil lebens- und praxisnahe Rückschlüsse auf *Qualifikation, Sozialverhalten, „Persönliche Leistungs-*

---

[64] Vgl. *Jung*, Personalwirtschaft, 2003, S.166; ebenso *Berthel*, Personalmanagement, 2003, S.174f; ebenso *Krieg*, Personal, 1998, S.93f.

[65] Vgl. *Krieg*, PERSONAL, 1998, S.93.

[66] Vgl. *Berthel*, Personalmanagement, 2003, S.177f.

klasse", Anspruchsstruktur [Herv. durch Verf.], und sonstige *charakterologische Merkmale [Herv. durch Verf.]* der Teilnehmer."[67]

„Früher dauerten Assessment-Center-Tests drei bis fünf Tage, heutzutage benötigen moderne Verfahren nur noch ein bis zwei Tage ... Die Anzahl der Teilnehmer kann [dabei, T.L.] zwischen einer .. und fünfzehn Personen schwanken. Sie liegt meist [jedoch, T.L.] bei 6 bis 12 Personen."[68]

„Langzeituntersuchungen haben gezeigt, dass die ACT die besten Prognosen über zukünftiges Arbeitsverhalten erlauben. Der Einsatz der ACT im Bereich der Personalbeschaffung beschränkt sich jedoch aufgrund ihrer hohen Verfahrenskosten auf die Bewerberauswahl von Führungskräften und Führungskräftenachwuchs."[69]

B.III.7 Sonstige Instrumente der Personalauswahl

Neben den in den Punkten B.III.2 bis B.III.6 genannten Verfahren gibt es noch eine Reihe weiterer Instrumente, die für die Personalauswahl herangezogen werden, deren Bedeutung allerdings nach Ansicht des Autors bis auf die ärztliche Eignungsuntersuchung eher als gering einzuschätzen ist. Trotzdem sollen auch diese aus Gründen der Vollständigkeit kurz genannt und erläutert werden.

B.III.7.1 Ärztliche Eignungsuntersuchung

Für ein Unternehmen ist es häufig auch wichtig, neben der geistigen Leistungsfähigkeit und der Persönlichkeit eines Bewerbers etwas über dessen körperliche Leistungsfähigkeit, seiner so genannten

---

[67] *Richter*, Personalführung, 1989, S.332.
[68] *Jung*, Personalwirtschaft, 2003, S.169.
[69] *Jung*, Personalwirtschaft, 2003, S.169.

physischen Konstitution, in Bezug auf die zu besetzende Stelle zu erfahren.[70]

Die ärztliche Eignungsuntersuchung dient diesem Zweck. Sie wird i.d.R. von einem Betriebsarzt durchgeführt und erfolgt arbeitsplatz- bzw. anforderungsspezifisch. Dieser erteilt dem Bewerber daraufhin eine Tauglichkeitsbescheinigung, ohne jedoch der Personalabteilung oder den Personen, die die Bewerberauswahl vornehmen, konkrete Untersuchungsergebnisse zu nennen. Es wird lediglich erwähnt, inwieweit der Bewerber für eine Tätigkeit aus ärztlicher Sicht geeignet ist oder nicht.[71]

„Die Ergebnisse der ärztlichen Einstellungsuntersuchung .. bilden [somit, T.L.] weitere Bewertungskriterien für die zu treffende Auswahl. Gravierende gesundheitliche Mängel können [dabei, T.L.] ein solches Gewicht erlangen, daß [!] sie alle sonstigen Eignungsmerkmale neutralisieren."[72]

„Aus diesem Grund bildet die ärztliche Eignungsuntersuchung in vielen Fällen den Abschluss des Auswahlverfahrens. Sie ist nach § 45 Abs. 1 JArbSchG bei jugendlichen Bewerbern unter 18 Jahren [sogar, T.L.] vorgeschrieben."[73]

B.III.7.2 Arbeitsprobe

Ein weiteres Selektionsinstrument ist die Arbeitsprobe. Bei ihr handelt es sich um eine auf den zukünftigen Arbeitsplatz zugeschnittene Aufgabe, die der Bewerber in einer vorgegebenen Zeit zu lösen hat. Dadurch gewinnt der Bewerber einen Einblick in seinen evtl. zukünftigen Arbeitsplatz und das Unternehmen einen Einblick in die Leistungsfähigkeit des Bewerbers.[74]

---

[70] Vgl. *Jung*, Personalwirtschaft, 2003, S.174.
[71] Vgl. *Jung*, Personalwirtschaft, 2003, S.174.
[72] *Richter*, Personalführung, 1989, S.333.
[73] *Jung*, Personalwirtschaft, 2003, S.174.
[74] Vgl. *Berthel*, Personalmanagement, 2003, S.223. Ebenso *Richter*, Personalführung, 1989, S.333.

Formen einer möglichen Arbeitsprobe sind z.B. ein Probediktat für eine Sekretärin oder eine Probefahrt für einen Kraftfahrer.

B.III.7.3 Referenzen

Auch Referenzen können als ein Selektionsinstrument herangezogen werden. Sie kommen i.d.R. von Privatpersonen oder ehemaligen Vorgesetzten und dienen der Bestätigung bestimmter Charakteristika oder deren Hervorhebung. Ihre Wirkung ist dabei abhängig vom Bekanntheitsgrad der angegebenen Referenzperson. Da es sich allerdings häufig um Gefälligkeitsgutachten handelt, sind Referenzen mit Vorsicht zu behandeln und sollten nach Möglichkeit gar nicht erst als Selektionsinstrument genutzt werden.[75]

B.III.7.4 Graphologische Gutachten

Bei einem graphologischen Gutachten handelt es sich um die Auswertung einer Handschriftenprobe des Bewerbers. Dabei versucht man, von Merkmalen des Schriftbildes auf Persönlichkeitsmerkmale zu schließen.[76]

„Die Auswertung einer Handschriftenprobe ist ein äußerst umstrittenes Selektionsmittel."[77]

„Schriftgutachten sollten deshalb – wenn sie als nicht verzichtbar erscheinen – *dem Fachmann vorbehalten* [*Herv. durch Verf.*] bleiben."[78]

---

[75] Vgl. *Berthel*, Personalmanagement, 2003, S.222; ebenso *Bisani*, Personalwesen, 1995, S.257.
[76] Vgl. *Berthel*, Personalmanagement, 2003, S.222; ebenso *Jung*, Personalwirtschaft, 2003, S.159.
[77] *Krieg*, Personal, 1998, S.87.
[78] *Richter*, Personalführung, 1989, S.330.

B.III.8 Auswahlentscheidung

Sind die einzelnen Phasen des Auswahlverfahrens erfolgreich durchlaufen, erfolgt die Auswertung der Bewerberinformationen nach Fähigkeits- und Kenntnismerkmalen. Die einzelnen Ausprägungen werden dann mit dem Anforderungsprofil (siehe Pkt. B.III.1) der offenen Stelle verglichen. Dabei werden zumeist mehrere Kandidaten in die engere Wahl genommen, um dann zu entscheiden, wer die ausgeschriebene Stelle erhalten soll. Ausgewählt wird dann der Bewerber, der die Merkmale des Anforderungsprofils am besten erfüllt. Gibt es keinen geeigneten Bewerber, ist ein erneuter Auswahlprozess notwendig, um unter neuen Bewerbern einen geeigneten Mitarbeiter zu finden.[79]

Hat das Unternehmen eine Auswahl unter den Bewerbern getroffen, so ist der eigentliche Auswahlprozess vorläufig abgeschlossen. Es erfolgt die Einstellung des neuen Mitarbeiters durch den Abschluss eines Arbeitsvertrages zwischen dem Unternehmen und dem Bewerber. Durch den Arbeitsvertrag wird der Bewerber an das Unternehmen gebunden. Er wird mit dem Arbeitsvertrag zum Mitarbeiter und damit zu einem Teil des Personals der Unternehmung.[80]

Die Wahlentscheidung zu Gunsten eines Bewerbers führt i.d.R. dazu, dass die Personalabteilung den übrigen Bewerbern schriftlich absagt. Dabei ist darauf zu achten, im Absageschreiben einen freundlichen und verbindlichen Stil zu verwenden, da auch ein Absageschreiben eine Form der Kommunikation nach Außen ist. Zudem werden die nicht mehr benötigten Bewerbungsunterlagen zurückgegeben und die Auslagen, die den Bewerbern in Verbindung mit Vorstellungsgesprächen, Tests oder ACs entstanden sind, erstattet.[81]

Mit der Zuweisung des neuen Mitarbeiters auf eine vakante Stelle oder der Versetzung im Falle einer internen Personalbeschaffung endet der Prozess der Personalauswahl.[82]

---

[79] Vgl. *Jung*, Personalwirtschaft, 2003, S.174; ebenso *Krieg*, Personal, 1998, S.97.
[80] Vgl. *Jung*, Personalwirtschaft, 2003, S.175.
[81] Vgl. *Krieg*, Personal, 1998, S.97f.
[82] Vgl. *Jung*, Personalwirtschaft, 2003, S.174f.

Im Rahmen des Einstellungsprozesses geht es jetzt darum, es dem neuen Mitarbeiter zu erleichtern, sich in die neue Umgebung einzuleben, ihn also in die neue Umgebung zu integrieren.

C. Zwischenbetrachtung

Im vorangegangenen Abschnitt wurde den Lesern seitens des Autors ein Überblick darüber verschafft, wie sich ein Einstellungsprozess zusammensetzt, angefangen mit der Personalbedarfsplanung über die Personalbeschaffung bis hin zur Personalauswahl. Dabei wurden die einzelnen Bestandteile kurz erläutert, um sie verständlich zu machen, ohne jedoch eine zu detaillierte Darstellung zu liefern. Aus diesem Grund hat der Autor auch auf die Berücksichtigung der rechtlichen Aspekte, die den Einstellungsprozess begleiten, weitestgehend verzichtet

Ziel ist es vielmehr gewesen, die Komplexität und den Umfang des Prozesses darzustellen, um den Lesern einen Eindruck darüber zu vermitteln, welcher zeitliche Aufwand in einem solchen Prozess steckt.

Die mit einem Einstellungsprozess verbundenen Kosten dürften somit nach Einschätzung des Autors und unter Berücksichtigung der Literatur ebenfalls nicht unerheblich sein, so dass es das Ziel eines Unternehmens sein muss, einen Einstellungsprozess so selten wie möglich stattfinden zu lassen.

Hat sich ein Unternehmen für einen Mitarbeiter entschieden, will es ihn, bzw. sollte es versuchen, ihn im Unternehmen zu halten. Um dies zu erreichen, sollte es ihn gut bei sich und in die Arbeitsgruppe integrieren. Wie schon vom Autor in der Einleitung erwähnt, ist das Ziel der Integration, einen möglichst zufriedenen Mitarbeiter zu bekommen, der eine hohe Leistung bringt und dem Unternehmen langfristig erhalten bleibt.

Daraus schließt der Autor, dass auch der Integrationsprozess nach der Entscheidung für einen Mitarbeiter als ein wichtiger Bestandteil des Einstellungsprozesses zu betrachten ist.

Der Integrationsprozess soll im Folgenden ausführlich betrachtet werden und als Leitfaden für eine Anwendung in der Praxis dienen, indem die einzelnen Bestandteile und Möglichkeiten eines Integrationsprozesses erläutert und kritisch betrachtet werden. Zudem werden auch die beteiligten Personen und ihre Rollen im Prozess berücksichtigt, so dass sich am Ende ein Gesamtüberblick über den

Integrationsprozess ergibt, der eine Übertragung und Anwendung in der Praxis erlaubt.

D. Der Prozess der Mitarbeiterintegration

Im Folgenden zeigt der Autor detailliert den Prozess der Mitarbeiterintegration auf. Dazu werden zuerst die Rollen der beteiligten Parteien am Integrationsprozess betrachtet, bevor der Autor auf einzelne Instrumente des Prozesses eingeht. Mögliche Probleme und Fehler während des Integrationsprozesses finden am Ende Berücksichtigung.

D.I Die Rollen der beteiligten Parteien im Integrationsprozess

Bei den am Integrationsprozess beteiligten Parteien handelt es sich um:

- o die Personalabteilung
- o den Vorgesetzten
- o die Kollegen
- o den neuen Mitarbeiter

Ihre Aufgaben und Rollen werden vom Autor im Folgenden detailliert dargelegt.

D.I.1 Die Rolle der Personalabteilung im Integrationsprozess

Die Aufgabe der Personalabteilung lässt sich als **Informationsaufgabe** bezeichnen und bildet den *allgemeinen Teil* eines Einführungsprozesses, der sich in einen *allgemeinen* und in einen *speziellen* Teil untergliedern lässt. Das Ziel ist es, einen neuen Mitarbeiter möglichst schnell mit der neuen Umgebung vertraut zu machen und ihm alle notwendigen und wissenswerten Informationen zu geben, die er benötigt.[83]

Da die Personalabteilung häufig der erste Ansprechpartner eines neuen Mitarbeiters ist, beginnt ihre Aufgabe mit einer persönlichen Begrüßung des neuen Mitarbeiters in einer möglichst freundlichen Atmosphäre. Ferner vervollständigt sie ihre Unterlagen über den neuen Mitarbeiter und nimmt dessen Unterlagen wie z.B. die Lohnsteuerkarte und den Sozialversicherungsausweis entgegen.[84]

Zudem informiert sie den neuen Mitarbeiter über

o den Betrieb und dessen Organisation,

(z.B. Rechtsform, Unternehmensleitung, Produktionsprogramm, Jahresumsatz, Marktstellung, Exportanteil, Anteil der Beschäftigten, Betriebsstätten)

o Unternehmens- und Führungsgrundsätze,

o das betriebliche Vorschlagswesen,

o Arbeitsbedingungen, Verdienst, Arbeitszeit, Pausenregelungen, Urlaub, wichtige Bestimmungen, Arbeitsordnung,

(z.B. Berechnung und Festsetzung der Bezüge, Auszahlungs- und Überweisungstermine, Überstundenvergütung, Auslosungen, Zulagenregelungen, Dienstreisevergütungen, Urlaubsgeld, Weihnachtsgratifikation, Tantiemen, Prämien)

o betriebliche Sozialleistungen,

(z.B. betriebliche Altersversorgung, Betriebskrankenkasse, Unterstützung in Notlagen, Belegschaftsaktien, Personaldarlehen)

o den betriebsärztlichen Dienst,

o Sicherheitsvorschriften,

(z.B. einschlägige Arbeitsschutzbestimmungen, Unfallverhütungsvorschriften der Berufsgenossenschaften, Feuerverhütung, Alarmplan,

[83] Vgl. *Jung*, Personalwirtschaft, 2003, S.177.
[84] Vgl. *Jung*, Personalwirtschaft, 2003, S.177.

Stützpunkte für erste Hilfe, Unfallmeldung, Rauchverbot, Sicherheitsbe-
auftragten, Verhalten bei Unfällen)

o betriebliche Fortbildungsmöglichkeiten,

(z.B. Auswahl, Anmeldung, Bildungsurlaub)

o Betriebliche und soziale Einrichtungen

(z.B. Ferien- und Erholungsheime, Betriebssportgruppen, Betriebsbü-
cherei, sonstige Freizeitaktivitäten)

o die Verhältnisse am Ort des Betriebes bei ortsfremden
Mitarbeitern,

(z.B. Wohnungsvermittlung, Einwohnermeldeamt, Kraftfahrzeugzulas-
sungsstelle, Einkaufsmöglichkeiten, öffentliche Verkehrsmittel)

o betriebsinterne Regelungen und

(z.B. private Telefonate, Internetnutzung, das Betreten und Verlassen
des Betriebsgeländes, Mitarbeitereinkauf)

o den Betriebsrat.[85]

Gibt es in einem Unternehmen keine Personalabteilung, so sollte
der Unternehmer selbst oder der zukünftige Vorgesetzte die Infor-
mationsaufgaben übernehmen.

Selten allerdings stehen dem neuen Mitarbeitern alle oben genannten Informationen vom ersten Tag an zur Verfügung. Häufig erhält er
sie gar nicht, über Umwege oder erst dann, wenn er sie persönlich
benötigt oder direkt danach fragt. Der Autor selbst hatte die Gele-
genheit, dies bei eigenen Beschäftigungen und in Gesprächen mit
Bekannten festzustellen.

Dabei sind Informationen äußerst wichtig, da sie Orientierungsdefi-
zite verringern und die Unsicherheit des neuen Mitarbeiters in den
Hintergrund treten lassen. Dadurch wird dessen Integration gefördert und Gerüchte mit leistungshemmendem Charakter finden wenig
bis gar kein Gehör.[86]

---

[85] Vgl. *Jung*, Personalwirtschaft, 2003, S.177; ebenso *Kratz*, Neue Mitarbeiter;
1997, S.46f; ebenso *Richter*, Personalführung, 1989, S.342f.
[86] Vgl. *Kratz*, Neue Mitarbeiter; 1997, S.46.

Zudem bedeuten Informationen Wissen, welches sich durch Denken und Handeln in Erfolg verwandeln lässt (vgl. Darst. 10).

Darst. 10: Folge von Informationen

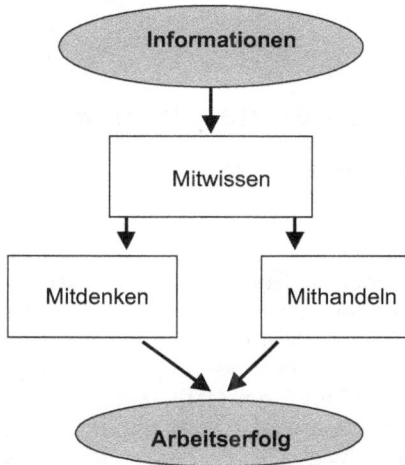

Quelle: Eigene Darstellung in Anlehnung an *Kratz*, Neue Mitarbeiter, 1997, S.22.

Nicht zuletzt ist die Informationspflicht im BetrVG gesetzlich verankert und somit für das Unternehmen bindend:

§81 (1) BetrVG:

„Der Arbeitgeber hat den Arbeitnehmer über dessen Aufgabe und Verantwortung sowie über die Art seiner Tätigkeit und ihrer Einordnung in den Arbeitsablauf des Betriebes zu unterrichten. Er hat den Arbeitnehmer vor Beginn der Beschäftigung über Unfall- und Gesundheitsgefahren, denen dieser bei der Beschäftigung ausgesetzt ist, sowie über Maßnahmen und Einrichtungen zur Abwendung dieser Gefahren zu belehren."

Es kommt also für das Unternehmen im Allgemeinen und die Personalabteilung im Besonderen darauf an, dem neuen Mitarbeiter soviel Informationen wie möglich zur Verfügung zu stellen. Zudem sollte die Personalabteilung den neuen Mitarbeitern jederzeit als Ansprechpartner dienen, falls Informationsdefizite oder sonstige Probleme auftreten.

Auf mögliche Formen der Informationsübermittlung wird der Autor in einem späteren Gliederungspunkt eingehen.

D.I.2 Die Rolle des Vorgesetzten im Integrationsprozess

Die Rolle des Vorgesetzten bildet den zweiten, den *speziellen Teil* des Einführungsprozesses. Seine Aufgabe lässt sich als **Integrationsaufgabe** bezeichnen, da er für eine fachliche und persönliche Eingliederung des neuen Mitarbeiters zu sorgen hat. Durch ihn wird der neue Mitarbeiter mit seinen neuen Kollegen und den nächst höheren Vorgesetzten bekannt gemacht. Zudem erhält der neue Mitarbeiter von dem Vorgesetzten Ergänzungen zu den Informationen der Personalabteilung wie z.B. zu den Aufgaben seiner Abteilung und ihrer Funktion im Betrieb, zum Ziel der Stelle und deren Arbeitsunterlagen sowie zu den Stellen, mit denen er in Zukunft zusammenarbeiten wird, ganz so wie es der §81 (1) BetrVG fordert (siehe hierzu Pkt. D.I.1). Die zuletzt genannten Stellen sollte er zudem persönlich kennen lernen. Zusammenfassend lässt sich sagen, dass der Vorgesetzte für die Einführung am Arbeitsplatz und die Einarbeitung zuständig ist.[87]

Es gilt dabei zu bedenken, dass für die Zusammenarbeit zwischen dem Vorgesetzten einerseits und dem neuen Mitarbeiter andererseits oftmals schon der erste Tag der entscheidende ist. Beide Seiten haben gewisse Erwartungen gegenüber der anderen, die aus unterschiedlichen Erfahrungen herrühren und die es jeweils zu kennen gilt, um sein jeweiliges Verhalten darauf abzustimmen. So erwartet der Vorgesetzte, dass der neue Mitarbeiter

o für seine Aufgabe fachliches Interesse zeigt,

o sich in sein Arbeitsgebiet rasch und intensiv einarbeitet,

---

[87] Vgl. *Jung*, Personalwirtschaft, 2003, S.177.

o seine Arbeit qualitativ und zeitlich vereinbarungsgemäß erledigt,

o Ausdauer, Belastbarkeit und Einsatzbereitschaft an den Tag legt,

o die Arbeitsmaterialien sorgfältig einsetzt und kostenbewusst denkt,

o eine akzeptable Form des Verhaltens gegenüber Vorgesetzten, Mitarbeitern, Kollegen und Kunden entwickelt,

o möglichst schnell selbständig und kreativ wird,

o Enttäuschungen ertragen kann,

o selbstbeherrscht und vertrauenswürdig ist,

o sein Stellenziel systematisch anstrebt und

o sich mit den Zielen des Unternehmens identifiziert.[88]

Der neue Mitarbeiter dagegen erwartet von seinem neuen Vorgesetzten, dass dieser

o das einhält, was beim Einstellungsgespräch besprochen wurde,

o die Einführungszeit systematisch vorbereitet und sorgfältig organisiert,

o das Stellenziel im Auge hat und mit den betrieblichen Erfordernissen verbindet,

o die einzelnen Aufgabenbereiche mit den neuen Mitarbeitern durchspricht und kompetent erläutert,

o die zu verrichtenden Aufgaben erklären kann,

o Geduld und Selbstbeherrschung auch bei Fehlleistungen bewahrt,

o Gerechtigkeit gegenüber allen Mitarbeitern zeigt,

---

[88] Vgl. *Harlander*, Lehrbuch Personal, 1991, S.323.

o andere Meinungen und Auffassungen des neuen Mitarbeiters akzeptiert,

o sich auch als Mensch zeigt und

o eine „5 auch mal gerade sein lässt".[89]

Aus diesem Grund ist der Mitarbeitereinführung, d.h. der Rolle des Vorgesetzten während der Integrationsphase eine große Bedeutung zuzuordnen. Er, der Vorgesetzte, sollte daher die Einführung des neuen Mitarbeiters **überlegt, sinnvoll** und **systematisch** durchführen und das Einarbeitungsprogramm mit dem neuen Mitarbeiter bezüglich Inhalt und Terminierung zusammen durchsprechen.[90]

Überlegt bedeutet dabei, dass sich der Vorgesetzte nicht erst am Tag des Arbeitsantritts des neuen Mitarbeiters Gedanken über dessen Einführung macht, sondern schon einige Tage oder sogar Wochen vorher.[91]

Sinnvoll bedeutet dabei, dass sich der Vorgesetzte mit den Unterlagen über den neuen Mitarbeiter beschäftigt und so ein individuelles Einführungsprogramm für den neuen Mitarbeiter erstellt hat, welches sich speziell nach dessen Bedürfnissen richtet.[92]

Systematisch bedeutet dabei, dass der neue Mitarbeiter in der Einführung eine klare Linie erkennt, an der er sich orientieren kann. Zudem sollte ein Ende der Einführung festgelegt sein, ebenso wie es Zeitpunkte für ein regelmäßiges Feedback geben sollte, bei denen der aktuelle Stand der Einführung besprochen wird.[93]

Um einen überlegt, sinnvoll und systematisch durchgeführten Integrationsprozess zu gewährleisten, bietet es sich an, den organisatorischen Ablauf der Integration mit Hilfe eines rechtzeitig ausgearbeiteten Einführungsprogramms zu regeln, dessen Autoren der Vorge-

---

[89] Vgl. *Harlander*, Lehrbuch Personal, 1991, S.323.
[90] Vgl. *Kratz*, Neue Mitarbeiter; 1997, S.46; ebenso *Berthel*, Personalmanagement, 2003, S.240.
[91] Vgl. *Wagner*, Personalleitung, 1992, S.575; ebenso *Kratz*, Neue Mitarbeiter; 1997, S.21f.
[92] Vgl. *Wagner*, Personalleitung, 1992, S.574.
[93] Vgl. *Richter*, Personalführung, 1989, S.341f; ebenso *Berthel*, Personalmanagement, 2003, S.240.

setzte und ein kompetenter Mitarbeiter der Personalabteilung sein sollten.[94]

„Der Einarbeitungsplan sollte festlegen, was dem neuen Mitarbeiter vermittelt werden muß [!] (*Stoffplan*) [*Herv. durch Verf.*], wann und in welcher Zeit es geschehen kann (*Zeitplan*) [*Herv. durch Verf.*] und wie es ihm am besten vermittelt wird (*Methodenplan*) [*Herv. durch Verf.*]."[95]

Die einzelnen Aufgaben des Vorgesetzten in einem überlegt, sinnvoll und systematisch durchgeführten Integrationsprozess sind vielfältig und werden vom Autor im Folgenden dargelegt.

D.I.2.1 Die Aufgaben des Vorgesetzten im Integrationsprozess im Einzelnen

Damit die Integration eines neuen Mitarbeiters erfolgreich verlaufen kann, muss der (zukünftige) Vorgesetzte des neuen Mitarbeiters einige Punkte beachten bzw. Aufgaben erfüllen, welche sich in verschiedene Abschnitte aufteilen lassen.

D.I.2.1.a Abschnitt 1: Vorbereitung auf den neuen Mitarbeiter

Auswertung der Bewerbungsunterlagen und Informationen aus dem Vorstellungsgespräch hinsichtlich Ausbildung und Berufserfahrung des neuen Mitarbeiters

Daraus ergibt sich eine grobe Bestandsaufnahme der vermutlich vorhandenen Fertigkeiten und Kenntnisse, woraus sich ein so genanntes *IST* ermitteln lässt.[96]

---

[94] Vgl. *Kratz*, Neue Mitarbeiter; 1997, S.21; ebenso *Wagner*, Personalleitung, 1992, S.596.

[95] *Golas*, Der Mitarbeiter, 1997, S.92.

[96] Vgl. *Kratz*, Neue Mitarbeiter; 1997, S.26; ebenso *Wagner*, Personalleitung, 1992, S.575.

Bereitlegung von Stellenbeschreibungen

Aus den Stellenbeschreibungen, bei denen es sich um Aufgaben-, Tätigkeits- oder Funktionsbeschreibungen handelt, die alle wesentlichen Informationen über die zu besetzende Stelle enthalten, ist das *SOLL* zu ersehen, welches der neue Mitarbeiter erfüllen sollte.[97]

Prüfung der Notwendigkeit von Einführung und/oder Unterweisung

Durch den Vergleich von *SOLL* und *IST* kann der Vorgesetzte entscheiden, ob eine Unterweisung eines neuen Mitarbeiters notwendig ist, oder ob es reicht, ihn in die Arbeit einzuführen (Vgl. Darst. 11).[98]

Darst.11: Einführung und/oder Unterweisung

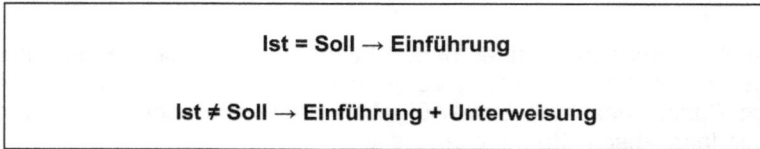

Ist = Soll → Einführung

Ist ≠ Soll → Einführung + Unterweisung

Quelle: Eigene Darstellung in Anlehnung an *Kratz*, Neue Mitarbeiter, 1997, S.30.

Besitzt ein neuer Mitarbeiter die erforderlichen Fähigkeiten und Kenntnisse für die neue Stelle, verfügt aber nicht über Betriebs- und Berufserfahrung, wird er in die neue Arbeit *eingeführt*. Dies ist auch dann notwendig, wenn der neue Mitarbeiter auf seinem Gebiet ein allseits anerkannter Experte ist, da in jedem Betrieb anders gearbeitet wird.[99]

Besitzt ein neuer Mitarbeiter die erforderlichen Fähigkeiten und Kenntnisse für die Stelle nicht, so ist er zusätzlich zu unterweisen.

---

[97] Vgl. *Kratz*, Neue Mitarbeiter; 1997, S.26f; ebenso *Wagner*, Personalleitung, 1992, S.575; ebenso *Golas*, Der Mitarbeiter, 1997, S.92.
[98] Vgl. *Kratz*, Neue Mitarbeiter; 1997, S.29.
[99] Vgl. *Kratz*, Neue Mitarbeiter, 1997, S.29.

Dadurch sollen ihm die noch fehlenden Fähigkeiten und Kenntnisse vermittelt werden, die er für die betriebliche Praxis benötigt.[100]

Vorbereitung des Arbeitsplatzes

Die Vorbereitung des Arbeitsplatzes bedeutet, dass dem neuen Mitarbeiter vom ersten Arbeitstag an alle erforderlichen Arbeitsunterlagen und Hilfsmittel, wie z.B. Werkzeug, Schreibtisch, Schreibmaterial, Telefon, PC, Kalender, Formulare, Schlüssel, Schutzkleidung, etc. zur Verfügung stehen. Vorbereitung bedeutet aber auch, dass ggf. ein Namensschild an der Bürotür oder am Umkleideschrank angebracht ist.[101]

Auswahl und Einweisung eines Paten oder Mentors

Ein Pate oder auch Mentor ist ein wohlmeinender Kollege, der sich des neuen Mitarbeiters annimmt und ihm in der Anfangsphase vielseitige Hilfestellungen bietet. Er dient dem neuen Mitarbeiter als ständiger Ansprechpartner und hilft so, eine schnelle Integration zu gewährleisten. Der als Pate oder Mentor ausgewählte Mitarbeiter sollte dabei vom Vorgesetzten auf die Situation eingestimmt werden und seine Auswahl als ein Vertrauensbeweis verstehen.[102] Näheres zum Paten und/oder Mentorsystem hat der Autor in Pkt D.II.1 und D.II.2 ausgeführt.

Vorbereitung der Arbeitsgruppe auf den neuen Mitarbeiter

Der Vorgesetzte sollte die Arbeitsgruppe sofort nach der Einstellungszusage darüber informieren, dass ein neuer Mitarbeiter kommt. Dabei sollte er in groben Zügen darlegen, welche Gründe gerade

[100] Vgl. *Kratz*, Neue Mitarbeiter, 1997, S.29.
[101] Vgl. *Kratz*, Neue Mitarbeiter, 1997, S.30; ebenso *Golas*, Der Mitarbeiter, 1997, S.92; ebenso *Wagner*, Personalleitung, 1992, S.575.
[102] Vgl. *Kratz*, Neue Mitarbeiter, 1997, S.30f; ebenso *Golas*, Der Mitarbeiter, 1997, S.91f; ebenso *Wagner*, Personalleitung, 1992, S.575.

zur Einstellung dieses Bewerbers gegenüber den anderen Bewerbern geführt haben und gleichzeitig um eine freundliche Aufnahme in der Arbeitsgruppe bitten.[103]

Gilt es dabei, einen bereits längere Zeit freien Arbeitsplatz zu besetzen, dürfte es seitens der Arbeitsgruppe keine Probleme geben. Kommt es allerdings durch die Einstellung zu organisatorischen Veränderungen innerhalb des Arbeitsbereiches der Arbeitsgruppe, kann es zu Störungen im Betriebsklima kommen. Dies lässt sich durch eine rechtzeitige Informationspolitik vermeiden. Dabei ist es wichtig,

o dass die Mitarbeiter verstehen, weshalb die Veränderungen notwendig sind und

o dass sie rechtzeitig informiert werden, bevor Gerüchte entstehen, die dann erst seitens der Vorgesetzten mühselig widerlegt werden müssen.

Nur so reagieren Mitarbeiter i.d.R. positiv auf organisatorische Veränderungen.[104]

Der Vorgesetzte sollte dabei bei den Informationen drei Punkte ansprechen:

1. Kurzinformation über die Person des neuen Mitarbeiters

2. Darstellung der Ausbildung und des beruflichen Werdeganges des Neulings

3. Zweifelsfreie Erörterung der Aufgaben, Kompetenzen und Verantwortlichkeiten des Neuen zur Vermeidung von Kompetenzstreitigkeiten.[105]

---

[103] Vgl. *Richter*, Personalführung, 1989, S.343; ebenso *Harlander*, Lehrbuch Personal, 1991, S.324; ebenso *Wagner*, Personalleitung, 1992, S.575.
[104] Vgl. *Kratz*, Neue Mitarbeiter; 1997, S.35.
[105] Vgl. *Kratz*, Neue Mitarbeiter; 1997, S.36.

Informierung aller Personen, die für die Einführung wichtig sind

Der Vorgesetzte sollte wissen, wer alles über die Einstellung eines neuen Mitarbeiters informiert werden muss und sollte diese Personen in Abstimmung mit der Personalabteilung informieren. Zu den betreffenden Personen gehören u.a.:

o Mitarbeiter mit Unterweisungsaufgaben

o Mitarbeiter anderer Abteilungen, mit denen eng zusammengearbeitet wird

o der Betriebsarzt

o ggf. der Vertrauensmann der Schwerbehinderten

o der nächst höhere Vorgesetzte

o der EDV-Beauftragte (Netzadministrator) zwecks Zugang zur betrieblichen Datenverarbeitung

o die Fachkraft für Arbeitssicherheit

o ...[106]

Übersendung von Informationsmaterial

Dem neuen Mitarbeiter sollte, falls dies nicht schon während des Einstellungsverfahrens geschehen ist, Informationsmaterial über das Unternehmen zusammen mit einem persönlichen Begleitschreiben seitens des Vorgesetzten übergeben bzw. zugesandt werden, um ihm die Orientierung zu erleichtern und um ihm das Gefühl zu geben, dass man sich um ihn kümmert.[107]

---

[106] Vgl. *Kratz*, Neue Mitarbeiter; 1997, S.36f.
[107] Vgl. *Kratz*, NEUE MITARBEITER; 1997, S.37; ebenso *Richter*, PERSONALFÜHRUNG, 1989, S.343; ebenso *Wagner*, PERSONALLEITUNG, 1992, S.575.

Zusammenfassung

In der Vorbereitung auf den neuen Mitarbeiter hat der Vorgesetzte
die Aufgabe,

❖ die Bewerbungsunterlagen und Informationen aus dem
   Vorstellungsgespräch hinsichtlich Ausbildung und Beruf des
   neuen Mitarbeiters auszuwerten,

❖ eine Stellenbeschreibung bereit zu legen,

❖ die Notwendigkeit einer Einführung und/oder Unterweisung zu
   prüfen,

❖ den Arbeitsplatz des neuen Mitarbeiters vorzubereiten,

❖ einen Paten oder Mentor auszuwählen,

❖ die Arbeitsgruppe auf den neuen Mitarbeiter vorzubereiten,

❖ die für die Einführung wichtigen Personen zu informieren und

❖ dem neuen Mitarbeiter Informationen zu übersenden.

D.I.2.1.b   Abschnitt 2: Begrüßung des neuen Mitarbeiters

Empfang des neuen Mitarbeiters

Der Vorgesetzte hat die Aufgabe, den neuen Mitarbeiter in seiner
Abteilung persönlich zu begrüßen. Er sollte zudem zusammen mit
der Personalabteilung dafür Sorge tragen, dass der neue Mitarbeiter
am Werkstor begrüßt und abgeholt wird. In Abhängigkeit davon, wo
sich der neue Mitarbeiter zuerst zu melden hat, in der Personalabteilung oder in seiner zukünftigen Abteilung, geschieht dies durch
einen Vertreter der entsprechenden Abteilung.[108]

---

[108]   Vgl. *Kratz*, Neue Mitarbeiter, 1997, S.39f; ebenso *Harlander*, Lehrbuch
   Personal, 1991, S.324.

Führen eines Begrüßungsgespräches

Der Vorgesetzte sollte mit dem neuen Mitarbeiter an dessen ersten Arbeitstag ein Begrüßungsgespräch, auch Kennenlerngespräch genannt, führen, welches in einer freundlichen und entspannten Atmosphäre ablaufen sollte. Es ist vom Vorgesetzten persönlich zu führen und sollte mit ausreichend Zeit (mind. 30min, ggf. auch länger) eingeplant sein. Durch ein ruhiges und gelassenes Auftreten seitens des Vorgesetzten wird dem neuen Mitarbeiter dabei signalisiert, dass der Vorgesetzte dessen Arbeitsantritt für wichtig hält und auch bereit ist, Fragen zu beantworten und Informationen zu geben. Ziel des Begrüßungsgespräches ist es, sich menschlich näher zu kommen, was am besten mit Gesprächsthemen erreicht wird, bei denen der neue Mitarbeiter sich auf vertrautem Gebiet bewegt, wie z.B. Familie, Anreise, Unterkunft, etc.[109]

Es ist nochmals zu erwähnen: *Begrüßungsgespräche sind Chefsache*

Aushändigung schriftlicher Informationen

Der Vorgesetzte sollte darauf achten, dem neuen Mitarbeiter nicht nur mündliche Informationen zu geben. Gerade bei Details und schwierigen Zusammenhängen wird die Aufnahmefähigkeit des neuen Mitarbeiters stark gefordert. Zusätzliche schriftliche Informationen bieten die Möglichkeit des Nachlesens und erhöhen die Merkfähigkeit (Vgl. Darst. 12).[110]

Zu den auszuhändigenden Informationen gehören:

o die Stellenbeschreibung,

o die Betriebsordnung und

---

[109] Vgl. *Kratz*, Neue Mitarbeiter, 1997, S.40f; ebenso *Wagner*, Personalleitung, 1992, S.575; ebenso *Golas*, Der Mitarbeiter, 1997, S.92.
[110] Vgl. *Kratz*, Neue Mitarbeiter, 1997, S.42; ebenso *Golas*, Der Mitarbeiter, 1997, S.92.

o die Einführungsschrift oder Firmenbroschüre (siehe Pkt D.II.4).[111]

Darst.12: Merkfähigkeit von Informationen

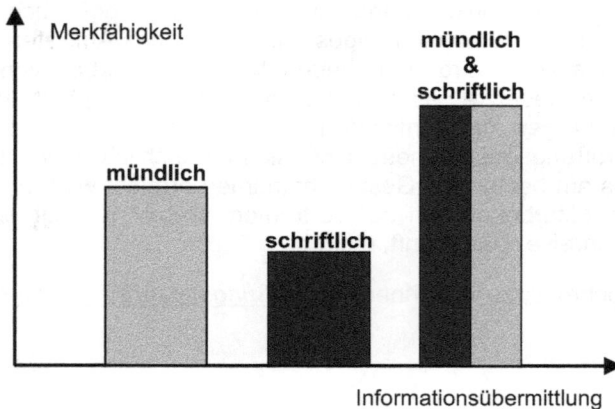

Quelle: Eigene Darstellung in Anlehnung an *Kratz*, Neue Mitarbeiter, 1997, S.42.

Vorstellung des Paten/Mentors

Der Vorgesetzte hat die Aufgabe, dem neuen Mitarbeiter den von ihm ausgewählten und eingewiesenen Paten/Mentor persönlich vorzustellen.[112]

Informierung des neuen Mitarbeiters über die Arbeitsgruppe

Der Vorgesetzte sollte den neuen Mitarbeiter vor der Bekanntmachung mit der Arbeitsgruppe über Eigenarten dieser, wie z.B.

---

[111] Vgl. *Kratz*, Neue Mitarbeiter, 1997, S.43.
[112] Vgl. *Kratz*, Neue Mitarbeiter, 1997, S.43; ebenso *Richter*, Personalführung, 1989, S.344.

Größe, Altersstruktur, Hobbys, etc. informieren. So wird vermieden, dass der neue Mitarbeiter ungewollt in ein „Fettnäpfchen tritt".[113]

Vorstellung der Arbeitsgruppe

Während eines Rundganges durch den Betrieb oder die Abteilung sollten dem neuen Mitarbeiter dessen zukünftige Kollegen seitens des Vorgesetzten persönlich vorgestellt werden und während einer Einzelvorstellung auch deren wesentlichen Aufgaben. Dabei ist darauf zu achten, dies während einer Zeit geringer Arbeitstätigkeit stattfinden zu lassen, damit es zwischen den Beteiligten auch zu kurzen Gesprächen (Small Talk) kommen kann. Dadurch wird der neue Mitarbeiter aus seiner Anonymität herausgeführt und ein erster zwischenmenschlicher Kontakt hergestellt. Bei zu großen Arbeitsgruppen allerdings ist die Vorstellung auf die nähere Umgebung des neuen Mitarbeiters beschränkt.[114]

Übergabe des Arbeitsplatzes

Der Vorgesetzte hat dafür Sorge zu tragen, dass der neue Mitarbeiter seinen bereits vorbereiteten Arbeitsplatz vollständig ausgestattet, sauber und aufgeräumt vorfindet. Er übergibt diesen an den neuen Mitarbeiter, damit dieser seine Arbeit aufnehmen kann.[115]

Zusammenfassung

Bei der Begrüßung des neuen Mitarbeiters hat der Vorgesetzte die Aufgabe,

---

[113] Vgl. *Richter*, Personalführung, 1989, S.343; ebenso *Kratz*, Neue Mitarbeiter, 1997, S.44.
[114] Vgl. *Richter*, Personalführung, 1989, S.342; ebenso *Kratz*, Neue Mitarbeiter, 1997, S.44.
[115] Vgl. *Kratz*, Neue Mitarbeiter, 1997, S.44.

❖ den neuen Mitarbeiter pünktlich in Empfang zu nehmen,

❖ mit dem neuen Mitarbeiter ein Begrüßungsgespräch zu führen,

❖ dem neuen Mitarbeiter schriftliche Informationen auszuhändigen,

❖ dem neuen Mitarbeiter seinen Paten/Mentor vorzustellen,

❖ den neuen Mitarbeiter über die Arbeitsgruppe zu informieren,

❖ den neuen Mitarbeiter mit der Arbeitsgruppe bekannt zu machen und

❖ dem neuen Mitarbeiter seinen Arbeitsplatz zu übergeben.

D.I.2.1.c Abschnitt 3: Informationsergänzung

Der Vorgesetzte hat die Aufgabe, die Informationen, die der Mitarbeiter bereits von der Personalabteilung erhalten haben sollte, zu ergänzen und ggf. zu vertiefen. Zudem hat er dem neuen Mitarbeiter die Informationen zu geben, die er von der Personalabteilung noch nicht erhalten hat. Dies sind häufig Informationen über

o abteilungsinterne Regelungen und

   (z.B. Urlaubsplanung, Vertretung, etc.)

o betriebliche Räumlichkeiten.

   (z.B. Wasch- und Toilettenräume, Umkleide und Aufenthaltsräume, Werkzeug- und Materialausgabe, etc.)

Es kann immer wieder vorkommen, dass ein neuer Mitarbeiter Informationen doppelt erhält. Dies stellt aber keine Schwierigkeit dar. Wichtig ist, dass er alle Informationen bekommt, ggf. auch doppelt.[116]

---

[116] *Richter*, Personalführung, 1989, S.341f; ebenso *Kratz*, Neue Mitarbeiter, 1997, S.46f.

D.I.2.1.d Abschnitt 4: Einweisung in die Arbeitsaufgabe

Die Einführung in die Arbeitsaufgabe ist für den neuen Mitarbeiter besonders wichtig. Da ihm die Stellenbeschreibung bereits bekannt ist, kommt es nun darauf an, wie gut sich deren Belange seinen Interessen zuordnen lassen. Zudem weist dieser Abschnitt im Gegensatz zu Ordnungsprinzipien und Vorschriften einen wesentlich geringeren Abstraktionsgrad auf.[117]

Für den Vorgesetzten bedeutet dies folgendes:

Aufgaben, Kompetenzen und Verantwortung herausstellen

Der Vorgesetzte sollte mit dem neuen Mitarbeiter durchsprechen, welcher Mitarbeiter welche *Aufgaben, Kompetenzen* und *Verantwortung* besitzt, um Missverständnisse zu vermeiden. Dazu empfiehlt es sich, nach dem folgenden Fragenkatalog vorzugehen, um alle wesentlichen Punkte anzusprechen.

- o Wer   soll welche Arbeit erledigen?

- o Was   soll erreicht werden?

- o Wie   soll gearbeitet werden?

- o Wann   soll die Arbeit ausgeführt werden?

- o Wo   soll gearbeitet werden?

- o Womit   soll die Arbeit ausgeführt werden?

- o Wann   soll das Ergebnis vorliegen?

- o Wer   ist einzubeziehen / zu informieren?[118]

---

[117] Vgl. *Harlander*, Lehrbuch Personal, 1991, S.324.
[118] Vgl. *Richter*, Personalführung, 1989, S.344; ebenso *Kratz*, Neue Mitarbeiter, 1997, S.52f.

Hilfsmittel zur Aufgabenerledigung vorstellen

Der Vorgesetzte hat dem neuen Mitarbeiter die zur Erledigung seiner Aufgabe benötigten Materialien, Werkzeuge, Geräte und Ma-
schinen vorzustellen und ggf. deren Benutzung zu erklären.[119]

Aufzeigen von Fehlerquellen

Der Vorgesetzte sollte dem neuen Mitarbeiter erklären, wo während
seiner Tätigkeit leicht Fehler entstehen können und wie man diese
vermeidet.[120]

**Einführung in die Organisationsstruktur des Betriebes und der
Abteilung**

Der Vorgesetzte sollte dem neuen Mitarbeiter deutlich den organisatorischen Aufbau des Betriebes und der Abteilung sowie deren
Bedeutung im Betrieb erläutern und innerbetriebliche Abläufe erklären. Dabei bietet es sich an, vorhandene Unterlagen zu verwenden,
um Gesagtes optisch zu verdeutlichen. Zudem sollte der Vorgesetzte mit dem neuen Mitarbeiter den Führungsstil des Unternehmens besprechen.[121]

Regelmäßige Fortschrittskontrolle / Feedback

Der Vorgesetzte sollte mit dem neuen Mitarbeiter immer wieder Gespräche über dessen Fortschritte führen, d.h. darüber, wieweit sich
die Erwartungen des neuen Mitarbeiters erfüllt haben und was er
sich anders vorgestellt hat. Es geht darum, Erfolge und Misserfolge
zu diskutieren und darum, Ermutigungen anzubringen. Dadurch wird
dem neuen Mitarbeiter zusätzlich Hilfe für dessen Integration gegeben. Die Häufigkeit solcher Gespräche ist dabei abhängig von der

---

[119] Vgl. *Kratz*, Neue Mitarbeiter, 1997, S.54.
[120] Vgl. *Golas*, Der Mitarbeiter, 1997, S.92.
[121] Vgl. *Harlander*, Lehrbuch Personal, 1991, S.324.

Persönlichkeit des neuen Mitarbeiters , es bietet sich aber an, sie an einem der ersten Tage, nach vier Wochen und nach drei Monaten zu führen, bei Bedarf auch häufiger. Dabei sollte der Vorgesetzte darauf achten, dass er im letzten Gespräch dem (neuen) Mitarbeiter zu erkennen gibt, dass er ihn jetzt als integriert betrachtet und er nun keine besondere Betreuung mehr benötigt.[122]

Der Vorgesetzte sollte in diesen Gesprächen bereits erbrachte Leistungen anerkennen und hervorheben und Fehlleistungen und noch vorhandene Mängel wohlwollend und aufbauend kritisieren. Zudem sollte der neue Mitarbeiter dazu angeregt werden, seinerseits über Lösungen nachzudenken.

Der Autor weist noch darauf hin, dass diese Form des Gespräches keinesfalls mit den sonst in Unternehmen üblichen Feedbackgesprächen verwechselt werden sollte. Es handelt sich hierbei lediglich um „Integrationsgespräche" zwischen dem Vorgesetzten und einem neuen Mitarbeiter.

Zusammenfassung

Bei der Einweisung in die Arbeitsaufgabe hat der Vorgesetzte die Aufgabe,

❖ Aufgaben, Kompetenzen und Verantwortung herauszustellen,

❖ Hilfsmittel zur Aufgabenerledigung vorzustellen,

❖ Fehlerquellen aufzuzeigen,

❖ in die Organisationsstruktur des Betriebes und der Abteilung einzuführen und

❖ regelmäßig Fortschritskontrollen durchzuführen.

---

[122] Vgl. *Harlander*, Lehrbuch Personal, 1991, S.324.

D.I.2.1.e   Abschnitt 5: Unterweisung am Arbeitsplatz

Ggf. ist es erforderlich, dass der neue Mitarbeiter neben einer Unterweisung in die Arbeitsaufgabe auch eine Unterweisung am Arbeitsplatz erhält (vgl. Pkt. D.I.1.2.1.a).

Ziel der Unterweisung ist

a) die richtige, selbständige, gewissenhafte, fehlerfreie, unfallsichere und schnelle Ausführung der dem Arbeitsplatz zugeordneten Aufgabe bei

b) verbesserter Qualität, einheitlichen Arbeitsmethoden sowie verminderten Energie-, Material- und Werkzeugeinsatz bei

c) innerer Anteilnahme des neuen Mitarbeiters an der Arbeit und am Betriebsgeschehen.[123]

Die Unterweisung wird dabei i.d.R. von folgenden Personen ausgeführt:

o Vorgesetzte

o betriebliche Ausbilder und Trainer

o ausgewählte Paten oder Mentoren

o Kollegen

o bisherige Stelleninhaber

Auf einzelne Unterweisungsmethoden geht der Autor in dieser Diplomarbeit nicht ein, da er diese mehr didaktischer Natur sind und sie seiner Ansicht nach weniger mit der Integration neuer Mitarbeiter an sich zu tun haben.

---

[123] Vgl. *Kratz*, Neue Mitarbeiter; 1997, S.63f.

D.I.3 Die Rolle der Kollegen im Integrationsprozess

Neben der Personalabteilung und dem Vorgesetzten haben auch die Kollegen des neuen Mitarbeiters eine Aufgabe im Integrationsprozess. Ihre Aufgabe lässt sich im weitesten Sinne auch dem speziellen Teil des Einführungsprozesses zuordnen und ebenfalls als Integrationsaufgabe bezeichnen, da auch sie für eine fachliche und persönliche Integration des neuen Mitarbeiters verantwortlich sind. Dabei steht die persönliche Integration des neuen Mitarbeiters im Vordergrund.

Um die Aufgaben der Kollegen im Integrationsprozess im Einzelnen zu verstehen, ist es notwendig, deren Situation zu betrachten. Dabei lässt sich zwischen der Situation der Arbeitsgruppe als Ganzes und der Situation des einzelnen Kollegen unterscheiden.

D.I.3.1 Die Situation der Arbeitsgruppe

Die Situation der Arbeitsgruppe ist dadurch gekennzeichnet, dass sie sich im Laufe der Zeit zu einem gut funktionierenden, eingespielten Team entwickelt hat, welches ein gewisses Potential an Zusammengehörigkeitsgefühl besitzt. Es existiert eine ausbalancierte Gruppenstruktur, in der sich die einzelnen Gruppenmitglieder geborgen fühlen. Ein neuer Mitarbeiter bricht i.d.R. in das eingespielte Selbstverständnis der Gruppe ein und wird häufig zuerst solange sehr zurückhaltend betrachtet, bis er vollständig integriert ist.[124]

D.I.3.2 Die Situation des einzelnen Kollegen

Die Situation des einzelnen Kollegen ist gekennzeichnet durch Konkurrenzdenken und Angst. Der neue Mitarbeiter stellt als bis dato

---

[124] Vgl. *Kratz*, Neue Mitarbeiter, 1997, S.15.

unbekannte Person in den Augen des einzelnen Kollegen eine Gefahr für dessen eigenen Funktionsbereich dar. Zudem wird häufig vermutet, dass der neue Mitarbeiter aktuellere Kenntnisse besitzt und den Kollegen von seiner Stelle verdrängen könnte.[125]

D.I.3.3 Die Aufgaben der Kollegen im Integrationsprozess

Die Aufgabe der Kollegen besteht zunächst darin, sich der in den Punkten D.I.3.1 bis D.I.3.2 genannten Situationen bewusst zu sein und zu vermeiden, in Handlungsweisen zu verfallen, die diese Situation verstärken.

Ziel ist es, dass sich der neue Mitarbeiter in die Teamkultur und in das Beziehungsnetzwerk seiner Arbeitsumgebung integriert und Anschluss findet, was durch einen herzlichen und offenen Empfang seitens der Kollegen begünstigt wird.[126]

Die Möglichkeit dazu bietet schon ein glaubwürdiges „Herzlich Willkommen". Auch ein Blumenstrauß und/oder ein kleines Präsent am Arbeitsplatz des neuen Mitarbeiters sind gut geeignet, dieses Ziel zu erreichen.

Die Aufgabe der Kollegen ist es auch, den neuen Mitarbeiter mit den ungeschriebenen „do-and-don´t"-Regeln vertraut zu machen. So lässt sich erreichen, dass der neue Mitarbeiter sich der Arbeitsgruppe und der in ihr herrschenden Normen anpasst und sich erfolgreich in die Gruppe eingliedert. Zu den „do-and-don´t"-Regeln zählen u.a.:

o Verhaltensregeln in der Teeküche (z.B. wer kocht den Kaffee, wer benutzt welche Tasse, wer räumt auf)

o Anreden der Vorgesetzten (z.B. mit oder ohne Titel)

o Sitzordnungen in der Kantine (z.B. wer wo mit wem sitzt)

o ...[127]

---

[125] Vgl. *Kratz*, Neue Mitarbeiter, 1997, S.16.
[126] Vgl. *Wagner*, Personalleitung, 1992, S.578.
[127] Vgl. *Buchwald*, Hire & Fire-Fibel, 2002, S.95f.

Weitere Aufgaben der Kollegen, die nach Ansicht des Autors eine Integration begünstigen, werden im Folgenden kurz dargestellt.

Dem neuen Mitarbeiter sollte die Anrede der Kollegen untereinander vermittelt und ggf. auch das kollegiale Du angeboten werden, falls dieses üblich ist. Dadurch werden Barrieren abgebaut und die Integration gefördert.

Auch sollte daran gedacht werden, den neuen Mitarbeiter in Geburtstagslisten oder Ähnlichem aufzunehmen, um ihm ein Dazugehörigkeitsgefühl zu vermitteln und ihn nicht auszugrenzen.

Alles in allem geht es also bei den Aufgaben der Kollegen darum, den neuen Mitarbeiter möglichst schnell als einen Teil der Gruppe zu betrachten und ihm den Einstieg in die Gruppe so leicht wie möglich zu gestalten. Zudem sollte sich jeder Mitarbeiter bewusst sein, dass auch er einmal ein neuer Mitarbeiter war.

D.I.4 Die Rolle des neuen Mitarbeiters im Integrationsprozess

Der Integrationsprozess besitzt zwei Seiten, die Unternehmensseite, vertreten durch die Personalabteilung, dem Vorgesetzten und den Kollegen, deren Rollen in den Punkten D.I.1 bis D.I.3 erläutert wurden und die Mitarbeiterseite, vertreten durch den neuen Mitarbeiter. Auch er hat bestimmte Aufgaben zu erfüllen, die in der Literatur jedoch stark vernachlässigt werden, nach Ansicht des Autors aber auch genannt werden sollten. Zwar handelt es sich bei dieser Diplomarbeit um „einen Leitfaden für die praktische Anwendung", welche sich hauptsächlich auf die Unternehmerseite konzentriert, aber die Kenntnis der Situation des neuen Mitarbeiters und dessen Aufgabe im Integrationsprozess kann eine Hilfe sein, z.B. im Rahmen von Feedbackgesprächen während der Integrationsphase oder im Rahmen von Begrüßungsgesprächen. Daher sollen auch sie kurz erläutert werden.

D.I.4.1   Die Situation des neuen Mitarbeiters

Die Situation des neuen Mitarbeiters ist geprägt durch das Neue. Er wird in seiner neuen Arbeitsumwelt vertraute Verhältnisse, bisher praktizierte Verhaltensmuster und Alltagsroutinen gegen Unbekanntes und Fremdes eintauschen müssen, was i.d.R. dazu führt, dass er am Anfang einer neuen Beschäftigung unsicher reagiert. Häufig wird diese Anfangsphase der Unsicherheit überdeckt, indem der neue Mitarbeiter versucht, nach außen einen positiven Eindruck zu vermitteln (immer schön lächeln), tatsächlich fühlt er sich aber nicht wirklich wohl in seiner Haut. Sein Ziel muss es sein, diese Unsicherheit zu bewältigen, um dann die volle Arbeitsleistung erbringen zu können.[128]

Gedanken des neuen Mitarbeiters, die diese Unsicherheit begünstigen, sind dabei folgende:

o Wie wirke ich auf die neuen Kollegen?

o Wie komme ich mit der neuen Situation zurecht?

o Habe ich mich vielleicht übernommen?

o Was hält mein neuer Chef von mir?

o Kann ich mich schnell in die Arbeitsgruppe integrieren?

o Wie ist das Betriebsklima?

o Gibt es eine „Kleiderordnung"?

o Komme ich mit den neuen Arbeitsmethoden, Begriffen und Hilfsmitteln zurecht?

o Bekomme ich alle benötigten Informationen?

o Wie sieht mein neuer Arbeitsplatz aus?

o Mit welcher Aufgabe werde ich zuerst konfrontiert? Was passiert, wenn ich nicht gleich alles verstehe?

---

[128] Vgl. *Richter*, Personalführung, 1989, S.346; ebenso *Kratz*, Neue Mitarbeiter, 1997, S.17f.

o Überstehe ich die Probezeit?

o ...[129]

Ein neuer Arbeitsplatz stellt also für den Betroffenen immer einen Neuanfang dar, der eine Vielzahl von Unwägbarkeiten enthält, die ihn zwangsläufig unsicher machen. Dies sollte jeder Vorgesetzte und jeder Kollege wissen und sein Handeln darauf ausrichten.

D.I.4.2 Die Aufgaben des neuen Mitarbeiters im
        Integrationsprozess

Die Aufgaben des neuen Mitarbeiters sind klar erkennbar. Er sollte sich gegenüber seiner neuen Umgebung kontaktfähig und aufgeschlossen zeigen, um eine rasche Integration zu ermöglichen. Es ist hilfreich zu fragen, wenn ihm etwas nicht klar ist und er sollte sich „Annährungsversuchen" seitens der Kollegen wie z.B. einer Einladung zu einer Abteilungsfeier nicht verschließen, um nicht als Außenseiter zu gelten. Auch sollte er vorhandene Regeln und Normen erst einmal akzeptieren und nicht versuchen, sie gleich zu ändern. So gerät er nicht in die Gefahr, als „Besserwisser" abgestempelt zu werden, deren Folge häufig Isolation bedeutet und einer Integration nicht förderlich ist.[130]

Das Stichwort für den neuen Mitarbeiter lautet erst einmal Anpassung. Im Laufe der Zeit kann er dann seine eigene Persönlichkeit im Rahmen der Arbeitsgruppe entwickeln, je weiter die Integration vorangeschritten ist. Und wenn später wieder einmal ein neuer Mitarbeiter in die Abteilung eintritt, ist er nur noch ein Kollege und kein neuer Mitarbeiter mehr.

[129] Vgl. *Kratz*, Neue Mitarbeiter, 1997, S.18.
[130] Vgl. *Wagner*, Personalleitung, 1992, S.578.

D.I.5 Checklisten als Aufgabenunterstützung

In den Punkten D.I.1 bis D.I.4 hat der Autor die Rollen der am Integrationsprozess beteiligten Parteien dargelegt. Dabei hat sich gezeigt, dass die einzelnen Parteien eine Vielzahl von Aufgaben zu erfüllen haben, um eine erfolgreiche Integration eines neuen Mitarbeiters zu erreichen.

Gerade die Personalabteilung und der Vorgesetzte sollten eine Vielzahl von Punkten beachten. Daher empfiehlt es sich für das Unternehmen bzw. für die Personalabteilung und den Vorgesetzten, eine Checkliste zu erstellen, die alle wichtigen Aktivitäten und Informationsnotwendigkeiten bezüglich der Integration enthält und für alle Verantwortlichen gleichermaßen eine nützliche Hilfe darstellen kann.[131] Ein Beispiel für eine solche Checkliste findet sich in Anhang 1.

Eine solche Checkliste soll dabei die Beteiligten keinesfalls bevormunden, sie soll lediglich eine Gedächtnisstütze sein, ähnlich einem Einkaufszettel, die einem hilft, nichts Wesentliches während der Integrationsphase zu vergessen. Einmal Versäumtes lässt sich nur schwer nachholen. Zudem kann eine solche Checkliste helfen, eine gewisse Reihenfolge während der Einführung des neuen Mitarbeiters aufrecht zu erhalten.

Zwar sind viele Punkte zur Mitarbeitereinführung den Führungskräften und der Personalabteilung bekannt, da sie sich in der Praxis häufig wiederholen, allerdings gehen diese Anforderungen im Tagesgeschäft oft unter, d.h. sie werden vielfach nur intuitiv und unvollständig berücksichtigt. Checklisten erleichtern die systematische Planung und Steuerung der Einführung am Arbeitsplatz, da sie wichtige Merkposten für die individuelle Planung und Abarbeitung von einzelnen Punkten der Mitarbeitereinführung enthalten. Sie sollten dabei in ihrer Anwendung selbsterklärend und für den Einzelfall variabel handhabbar sein. Zudem sollte es den Führungskräften überlassen bleiben, in welchem Umfang sie dieses Hilfsmittel nutzen wollen.[132]

---

[131] Vgl. *Berthel*, Personalmanagement, 2003, S.238; ebenso *Jung*, Personalwirtschaft, 2003, S.178.
[132] Vgl. *Dezernat 5*, Startbegleitung, 2001.

D.II Maßnahmen / Instrumente für die Mitarbeiterintegration

Neben den Rollen der am Integrationsprozess beteiligten Parteien und deren Aufgaben existieren noch eine Reihe weiterer Maßnahmen und Instrumente, die dazu gedacht sind, die Integration eines neuen Mitarbeiters zu erleichtern. Diese Maßnahmen und Instrumente werden vom Autor im Folgenden dargelegt.

D.II.1 Patenkonzept

Unter dem Patenkonzept versteht man die Betreuung eines neuen Mitarbeiters durch einen gleichgestellten Kollegen *derselben* Abteilung, der den Neuen in die Arbeitsgruppe einführt und mit allen wichtigen Kontaktpersonen bekannt macht. Zudem übernimmt er die fachliche Einarbeitung und macht den neuen Mitarbeiter mit den ungeschriebenen Gesetzen des Unternehmens bekannt.[133]

Da der Pate auch Ansprechpartner in fachlichen und persönlichen Belangen sein soll, sollte es sich bei ihm um einen fachlich und persönlich erfahrenen Mitarbeiter handeln, der schon länger im Betrieb tätig und in der näheren Arbeitsumgebung des neuen Mitarbeiters eingesetzt ist.[134]

Richter empfiehlt, als Paten ein möglichst hochgestelltes Mitglied der Arbeitsgruppe, möglichst den informellen Gruppenführer auszuwählen. Dies hat seiner Ansicht nach den Vorteil, dass der neue Mitarbeiter unter dem schützenden Schirm seiner Autorität stünde und Angriffe aus der Gruppe gegen den Neuen unmittelbar gegen den Paten selbst wirken oder gar ganz unterbleiben.[135]

Diese Ansicht wird vom Autor nicht geteilt. Vielmehr sieht er bei hochgestellten Mitgliedern der Gruppe als Pate ähnlich wie Kieser die Gefahr, dass sich der Pate als „Ersatzvorgesetzter" aufspielt und

---

[133] Vgl. *Berthel*, Personalmanagement, 2003, S.239.
[134] Vgl. *Wagner*, Personalleitung, 1992, S.579.
[135] Vgl. *Richter*, Personalführung, 1989, S.344.

der normale Vorgesetzte sich „entpflichtet" fühlt, da er ja ersetzt wird.[136]

Der Pate sollte den Vorgesetzten in seiner Funktion nur ergänzen, nicht ersetzen, da Kleinigkeiten nicht immer mit dem Vorgesetzten geklärt werden müssen, sondern oftmals schon der Kollegenkreis ausreicht.[137]

Es empfiehlt sich daher, einen hierarchisch gleichgestellten Mitarbeiter zum Paten zu bestellen, da der Kontakt eines neuen Mitarbeiters zu einem gleichgestellten Paten nach Dauer, Häufigkeit und Intimität „dichter" und durch den Wegfall hierarchischer Barrieren „intimer" ist.[138]

Neben der Bereitschaft, überhaupt als Pate tätig zu sein, sollte der ausgewählte Mitarbeiter zudem über folgende Eigenschaften verfügen:

- o Zuverlässigkeit
- o Verschwiegenheit
- o Ausgeglichenheit
- o Berufserfahrung
- o Betriebserfahrung
- o Einfühlungsvermögen
- o fachliche Kompetenz
- o Geduld
- o Gesprächsbereitschaft
- o Hilfsbereitschaft
- o Kollegialität
- o Loyalität
- o Ortskenntnis
- o pädagogisches Geschick
- o Verantwortungsbewusstsein

---

[136] Vgl. *Rosenstiel,* , Mitarbeiterführung, 1999, S.169.
[137] Vgl. *Wagner*, Personalleitung, 1992, S.579.
[138] Vgl. *Kratz*, Neue Mitarbeiter, 1997, S.31.

o Vertrauenswürdigkeit[139]

Es ist wichtig, den Paten auf seine Aufgabe gut vorzubereiten (regelmäßige und intensive Schulungen bilden eine Voraussetzung) und ihn zu motivieren. Zudem empfiehlt es sich, die Leistungsstandards, Normalleistung und Vorgabezeiten des Paten vorübergehend zu senken, um seine durch die Patenschaft hervorgerufene Mehrbelastung so gering wie möglich zu halten. Ggf. sollte der Pate auch ein entsprechendes Merkblatt (siehe Anhang 2) erhalten, in dem noch einmal die wichtigsten Ziele genannt werden.[140]

Es existieren allerdings auch kritische Meinungen zum Patenkonzept. So sieht Kieser Paten als „überflüssig" an. Er ist der Überzeugung, dass neue Mitarbeiter gute Beziehungen zu einem oder mehreren Kollegen aus eigener Kraft herstellen können und nicht die Hilfe eines Paten benötigen.[141] Eine nach Ansicht des Autors sehr enge Sichtweise, die dieser auch nicht teilt.

Weitaus fundierter sind die Nachteile des Patenkonzeptes, die Berthel nennt:

- „Der Kontakt zum Vorgesetzten wird abgeschnitten. Dieser aber hat letztlich Leistungsbeurteilungen zu erstellen und Belohnungen zu gewähren.

- Für den Vorgesetzten ist die Möglichkeit verringert, innovatorische Impulse von einem noch nicht betriebsblinden Mitarbeiter aufzunehmen.

- Für den Betreuten entstehen unter Umständen Irritationen, da im Paten (als eine Art Ersatz-Vorgesetzten) eine weitere Instanz existiert, an der er sich orientieren muss.

- Durch verbesserte fachliche und pädagogische Fähigkeiten entsteht ein Konkurrenzverhältnis zwischen Paten und Vorgesetzten.

- Die Patenaufgabe kollidiert mit der Erfüllung der eigentlichen Sachaufgabe des Paten.

---

[139]	Vgl. *Kratz*, Neue Mitarbeiter, 1997, S.31 f; ebenso *Berthel*, Personalmanagement, 2003, S.239.
[140]	Vgl. *Kratz*, Neue Mitarbeiter, 1997, S.33f.
[141]	Vgl. *Rosenstiel,* Mitarbeiterführung, 1999, S.169.

- Der Pate zieht höherwertige Aufgaben an sich und delegiert Randaufgaben seiner Stelle an den neuen Mitarbeiter.

- Der Pate kann aus seiner Aufgabe Ansprüche auf Einkommenssteigerung und Beförderung geltend machen. Seine Aufgabe führt zu Neid bei den unberücksichtigten Mitarbeitern."[142]

Diese Nachteile sind schlüssig und stimmen mit denen überein, die auch der Autor im Patenkonzept sieht. Trotzdem sollte am Patenkonzept festgehalten werden, da es nach Ansicht des Autors eine große Unterstützung für den neuen Mitarbeiter bietet.

Es sollte vielmehr versucht werden, die Nachteile zu beseitigen, was teilweise allein schon durch deren Kenntnis geschieht (Wer Fehlerquellen kennt, kann sie umgehen.). Zudem bietet es sich an, nicht immer denselben Mitarbeiter als Paten auszuwählen, um ein Gleichgewicht in der Gruppe aufrecht zu erhalten. Schließlich sollte während der Zeit der Patenschaft der Vorgesetzte einen verstärkten Kontakt zum Paten unterhalten, um u.a. den Integrationsvorgang zu unterstützen und bei Konflikten schlichtend und vermittelnd tätig werden zu können.

D.II.2 Mentorkonzept

Unter einem Mentorkonzept versteht man die Betreuung eines neuen Mitarbeiters durch einen auf hierarchischer Ebene höher angesiedelten Mitarbeiter einer anderen Abteilung. Die Funktionen des Mentors sind dabei die des

o Lehrers,

o Coachs,

o Trainers,

o Talentförderers,

o Türöffners,

---

[142] *Berthel*, Personalmanagement, 2003, S.239f.

o Beschützers,

o Führers und

o Sponsors.[143]

Er sorgt dafür, dass Fehler ohne negative Konsequenz bleiben, be-obachtet den neuen Mitarbeiter, steuert unabhängige Beurteilungen zu dessen Potential bei und vermittelt bei Problemen zwischen dem neuen Mitarbeiter und dessen Vorgesetzten. Ferner steht er dem neuen Mitarbeiter als neutraler Ansprechpartner zur Verfügung.[144]

Als Nachteil des Mentorkonzeptes wird vor allem die Gefahr des Aufbaus einer „Kronprinzenmentalität" beim Betreuten gesehen (XY schützt mich ja, was soll mir schon passieren.).[145]

Der Autor sieht zudem die Gefahr, dass der neue Mitarbeiter eher mit Zurückhaltung und Vorsicht von seinen neuen Kollegen be-trachtet wird, als dass man ihn offen in die Gruppe aufnimmt. Der Grund dafür liegt in der Befürchtung darüber, was der neue Mitar-beiter seinem Mentor über die Gruppe erzählen könnte. Sie be-trachten ihn also als eine Art Spion.

Daher findet das Mentorkonzept eher Anwendung im Bereich der Einführung von Führungskräften.[146]

D.II.3 Steckbrief

Ein Steckbrief dient dazu, den neuen Mitarbeiter den Kollegen vor-zustellen. Er enthält ein Photo des neuen Mitarbeiters, wichtige Le-bensdaten, den beruflichen Werdegang und seine Hobbys. Es bietet sich an, den Steckbrief in der Werkszeitung (falls vorhanden) zu veröffentlichen, in den Postumlauf zu geben oder auch nur am „Schwarzen Brett" der Abteilung auszuhängen. Auch kann es sinn-voll sein, eine Sammlung von Steckbriefen der letzten Jahre dem

---

[143] Vgl. *Berthel*, Personalmanagement, 2003, S.240.
[144] Vgl. *Rosenstiel*, , Mitarbeiterführung, 1999, S.169.
[145] Vgl. *Berthel*, Personalmanagement, 2003, S.240.
[146] Vgl. *Kratz*, Neue Mitarbeiter, 1997, S.35; ebenso *Berthel*, Personal-management, 2003, S.240.

neuen Mitarbeiter zur Einsicht zur Verfügung zu stellen, so dass er sich über seine neuen Kollegen informieren kann (vgl. hierzu auch Pkt. D.I.2.1.a und D.I.2.1.b).[147]

Bei dem Steckbrief handelt es sich aus Sicht des Autors um ein sehr gut geeignetes Mittel, um Kollegen mit dem neuen Mitarbeiter vertraut zu machen. Es sollte aber vor der Veröffentlichung des Steckbriefs mit dem neuen Mitarbeiter über dessen Zustimmung gesprochen werden, da bekanntlich nicht jeder Mensch gerne Daten von sich preisgibt. Dabei ist darauf zu achten, dass die Freiwilligkeit der Zustimmung betont wird und es sich bei dem Steckbrief keinesfalls um einen Zwang handelt. In diesem Zusammenhang bietet es sich an, bei einer Zustimmung den Steckbrief zusammen mit dem neuen Mitarbeiter zu erstellen.

Bei der Sammlung „alter" Steckbriefe, die dem neuen Mitarbeiter ggf. zur Einsicht überlassen werden, sollte darauf geachtet werden, dass ihr Inhalt noch aktuell ist. Dies sollte allerdings im Zeitalter moderner Kommunikationsmittel wie z.B. E-Mail kein Problem darstellen.

Verantwortlich für die Steckbriefe ist in den Augen des Autors der Vorgesetzte, da es sich bei Steckbriefen um ein Kommunikationsmittel handelt, das zur Vorstellung von Mitarbeitern dient (vgl. hierzu auch Pkt. D.I.2.1.a und D.I.2.1.b). Ein Beispiel für einen Steckbrief findet sich in Anhang 3.

D.II.4 Einführungsschrift

Eine eigens für neue Mitarbeiter entwickelte Broschüre, eine so genannte Einführungsschrift, kann den Einstieg in das Unternehmen erleichtern. Sie dient einer ersten Orientierung des neuen Mitarbeiters, indem sie das Unternehmen vorstellt. Dabei sollte sie u.a. folgende Punkte beinhalten:

o Willkommensgruß

o Geschichte des Unternehmens

---

[147] Vgl. *Wagner*, Personalleitung, 1992, S.579.

o Rechtsform des Unternehmens

o Unternehmensziele

o Aussagen zur Unternehmenskultur

o Aussagen zur Unternehmensphilosophie

o Produktprogramm

o Marktposition

o Aufbau des Unternehmens

o Bereiche des Unternehmens

o Mitarbeiteranzahl und –zusammensetzung

o Führungsgrundsätze

o Personalabteilung

o Fort- und Weiterbildungsangebot

o Vorschlagswesen

o Sicherheitsvorschriften und –beauftragter

o Werkzeitschrift

o Vertrauensleute und Betriebsrat

o betriebliche Sozialleistungen

o Arbeitszeitregelungen

o Entgeltregelungen[148]

Es ist bei einzelnen Punkten wie z.B. beim Betriebsrat oder den Fort- und Weiterbildungsmöglichkeiten zusätzlich darauf zu achten, dass Ansprechpartner zusammen mit ihrer Telefonnummer und evtl. Sprechzeiten genannt werden.[149]

Der konkrete Inhalt, die Länge und die Ausgestaltung einer Einführungsschrift richten sich nach der Zielgruppe, nach der Größe der Unternehmung und nach Art und Umfang anderer bereits existierender schriftlicher Hilfen wie z.B. einer Stellenbeschreibung. Für

---

[148] Vgl. *Berthel*, Personalmanagement, 2003, S.238; ebenso *Wagner*, Personalleitung, 1992, S.579.

[149] Vgl. *Wagner*, Personalleitung, 1992, S.579.

ihre Entwicklung gilt, dass sie leicht aktualisierbar, erweiterbar und mit anderen schriftlichen Hilfen kombinierbar sein sollte.[150]

Es sollte darauf geachtet werden, dass eine Einführungsschrift keine langweiligen Sachinformationen enthält. Sie sollte vielmehr möglichst kurz gehalten sein (Berthel empfiehlt hier max. 20 Seiten) und das Wesentliche abdecken.[151]

Der Vorteil einer Einführungsschrift liegt lt. Berthel in ihrer jederzeitigen Verfügbarkeit, in der Anregung zur Information und der Möglichkeit zur jederzeitigen spannungsfreien Informationsaufnahme.[152] Eine Meinung, die auch der Autor vertritt.

Eine Gefahr sieht der Autor bei Einführungsschriften darin, dass sie zur „Selbstbeweihräucherung des Unternehmens" verwendet werden könnte. Dies kann und darf aber nicht passieren.

Auch darf die Einführungsschrift das Begrüßungsgespräch (vgl. hierzu Pkt. D.I.2.1.b) seitens des Vorgesetzten nicht ersetzen. Sie ergänzt es vielmehr.

Ein weiterer Kritikpunkt aus Sicht des Autoren ist die Gefahr der Informationsüberflutung. Der neue Mitarbeiter erhält zu Beginn seiner Tätigkeit eine Vielzahl an Informationen, die ihn an einen Punkt gelangen lassen, an dem er nicht mehr in der Lage ist, irgendwelche Informationen, sei es schriftlich oder auch nur mündlich, aufzunehmen. Daher sollte er die Einführungsschrift möglichst frühzeitig, Idealerweise noch vor Beginn seiner Tätigkeit, erhalten, da zu diesem Zeitpunkt sein „Informationsdurst" am größten ist und er somit die meisten Informationen verarbeiten kann. Zudem wird ihm somit eine erste Gesprächsgrundlage für das Begrüßungsgespräch geliefert.

Als Letztes weist der Autor noch darauf hin, dass der Inhalt einer Einführungsschrift ständiger Kontrolle unterliegen sollte, um ihn auf dem aktuellen Stand halten zu können, da es nichts schlimmeres als veraltete Informationen gibt, die bereits von der Gegenwart überholt wurden.

---

[150] Vgl. *Berthel*, Personalmanagement, 2003, S.238.
[151] Vgl. *Rosenstiel*, , Mitarbeitereinführung, 1999, S.169.
[152] Vgl. *Berthel*, Personalmanagement, 2003, S.239.

D.II.5 Orientierungsveranstaltung

Orientierungsveranstaltungen haben die Funktion, den neuen Mitarbeiter mit der Kultur des Unternehmens, der Unternehmensphilosophie und den ihr zugrunde liegenden Werten vertraut zu machen. Auch sie bietet dem neuen Mitarbeiter ergänzend zum Begrüßungsgespräch (vgl. Pkt. D.I.2.b) und zur Einführungsschrift (vgl. Pkt. D.II.4) erste Informationen nach dessen Unternehmenseintritt. Sie sind eine einmalige Angelegenheit und die Teilnahme sollte verbindlich sein, was sich durch die Mitwirkung von Mitgliedern der Unternehmensleitung noch eher erreichen lässt. Sie sollten allerdings nur stattfinden, wenn eine genügend große Zahl von neuen Mitarbeitern zu einem Einstellungstermin zusammen kommt. Eine Zeit lang zu warten, bis genügend neue Mitarbeiter im Unternehmen tätig sind, ist nicht empfehlenswert, da dann die Mitarbeiter, die schon „eher" eingestellt wurden, häufig schon aus anderen Quellen wie z.B. Kollegen über die Informationen verfügen, die während der Orientierungsveranstaltung vermittelt und/oder vertieft werden sollten. Eine Orientierungsveranstaltung sollte also möglichst schnell nach dem Einstellungstermin stattfinden.[153]

Der Vorteil von Orientierungsveranstaltungen ist in den Augen des Autors der, dass der neue Mitarbeiter erkennt, dass er nicht der einzige ist, der einen neuen „Lebensabschnitt" beginnt, sondern dass es noch andere „Leidensgenossen" gibt, die wie er neu sind.

Häufig entstehen nach Ansicht des Autors bei solchen Veranstaltungen auch erste soziale Kontakte zu anderen Mitarbeitern, die auch über Abteilungsgrenzen hinausgehen. Sie erlauben einen Erfahrungsaustausch und erzeugen ein Zusammengehörigkeitsgefühl. Dadurch fühlt sich der neue Mitarbeiter insgesamt wohler und ist somit auch leistungsfähiger, was im Sinne des Unternehmens sein dürfte.

---

[153] Vgl. *Berthel*, Personalmanagement, 2003, S.239; ebenso *Rosenstiel* ,Mitarbeiterführung, 1995, S.169.

D.II.6 Initiationsrituale

Unter einem Initiationsritual ist eine Aufnahmezeremonie zu verstehen, die mit einem offiziellen Charakter versehen ist, wie z.B. eine Lehrlingsbegrüßung durch den Vorstand eines Unternehmens. Berthel sieht ihre Wirkung auf der psychologischen Ebene, indem sie, die Zeremonie, dem neuen Mitarbeiter Aufmerksamkeit und Akzeptanz durch die neue Umgebung signalisiert. Durch das Publikmachen der Beitrittsentscheidung des neuen Mitarbeiters wird nach Berthels Ansicht dieser an seine Entscheidung stärker gebunden.[154]

Dieser Sichtweise kann der Autor nur zum Teil zustimmen. Zwar hält auch er Initiationsrituale für positiv, allerdings sollte man in seinen Augen darauf achten, dass das Ritual

a) nicht übertrieben wird (schon das Überreichen eines Blumenstraußes vor der versammelten Abteilung kann ein Ritual sein) und

b) gegenüber anderer Ritualen wie z.B. Mitarbeiterjubiläen oder Lehrlingsbegrüßungen deutlich abgegrenzt wird.

Weiter gibt es sicherlich Menschen, denen ein solches Ritual „peinlich" ist, die nicht gerne in der „Öffentlichkeit" stehen. Es sollte daher diesbezüglich mit dem neuen Mitarbeiter vorher gesprochen und ggf. versucht werden, positiv auf ihn einzuwirken, da eine Ablehnung einer schnellen Integration sicherlich nicht förderlich wäre. Die Frage ist doch, was von einem neuen Mitarbeiter zu erwarten ist, der sich schon am Anfang „querstellt".

Nach längeren Überlegungen stellt sich der Autor auch die Frage, ob nicht sogar die gesamte Mitarbeitereinführung eine Form eines Initiationsrituals ist und somit ein einzelnes Ritual entfallen kann.

---

[154] Vgl. *Berthel*, Personalmanagement, 2003, S.239.

D.II.7   Einführungsseminar

Einführungsseminare sind Orientierungsveranstaltungen ähnlich. Auch sie werden für eine größere Anzahl von neuen Mitarbeitern abgehalten und beginnen unmittelbar nach dem Eintritt in das Unternehmen, um eine zu späte und teilweise überflüssige Terminierung zu vermeiden.[155]

Der Unterschied zwischen einer Orientierungsveranstaltung und einem Einführungsseminar liegt u.a. darin, dass letzteres mehrfach, d.h. über die ersten Monate verteilt in der Unternehmung stattfindet. Ferner sollte es sich bei den Teilnehmern eines Einführungsseminars um eine homogene Gruppe, Idealerweise aus einer Abteilung oder einem Unternehmensbereich, handeln, damit die vermittelten Inhalte des Seminars für alle Teilnehmer gleichermaßen interessant sind.[156]

Der Vorteil von Einführungsseminaren liegt darin, dass der Informationsaustausch zwischen der Unternehmung und den neuen Mitarbeitern einerseits und den Mitarbeitern untereinander andererseits gefördert wird. Dadurch lassen sich Einarbeitungsprobleme intensiv diskutieren und lösen. Zudem wird dem einzelnen Mitarbeiter gezeigt, dass er nicht der einzige ist, der Probleme hat, sondern dass es noch andere „Leidensgenossen" gibt, was zum Abbau von Frustrationen beiträgt.[157]

Den Vorteil eines Einführungsseminars sieht der Autor vor allem darin, dass es sich hierbei um keine einmalige, sondern um eine mehrmalige Veranstaltung handelt. Dadurch wird dem Mitarbeiter eine intensivere Kontaktaufnahme zu ebenfalls neuen Kollegen außerhalb der gewohnten Arbeitsumgebung ermöglicht. Zudem bekommt er durch die Termine des Seminars, Idealerweise sind diese vorher bekannt oder werden auf dem ersten Seminartreffen bekannt gegeben, eine erste Verpflichtung, der er nachzukommen hat. Sein Terminkalender bleibt also von Beginn an nicht leer, was ihm ein

---

[155] Vgl. *Wagner*, Personalleitung, 1992, S.581f; ebenso *Berthel*, Personalmanagement, 2003, S.239.

[156] Vgl. *Wagner*, Personalleitung, 1992, S.582; ebenso *Berthel*, Personalmanagement, 2003, S.239.

[157] Vgl. *Berthel*, Personalmanagement, 2003, S.239.

Gefühl der Dazugehörigkeit zur Unternehmung vermitteln dürfte, einem der Ziele der Integration.

D.II.8 Sonstige Maßnahmen / Instrumente für die Mitarbeiterintegration

Neben den in den Punkten D.II.1 bis D.II.7 genannten Instrumenten und Maßnahmen für die Mitarbeiterintegration existieren in den Augen des Autors noch zwei weitere, die er im Folgenden kurz beschreibt. Sie lassen sich bei weitgefassten Definitionen ggf. einem der bereits genannten Punkte zuordnen, sollten aber dennoch separat erwähnt werden.

Betriebsbesichtigung

Betriebsbesichtigungen können einzeln oder in Form einer Gemeinschaftsveranstaltung bei mehreren Neueinstellungen zu einem bestimmten Termin stattfinden. Im Rahmen einer Betriebsbesichtigung erhält der einzelne neue Mitarbeiter einen ersten umfassenden Überblick über den Betrieb und kann so seine zukünftige Arbeit entsprechend einordnen. Betriebsbesichtigungen sollten i.d.R. eine Selbstverständlichkeit im Rahmen der Einführung neuer Mitarbeiter sein.

Eingewöhnungsveranstaltungen

Eingewöhnungsveranstaltungen sind Orientierungsveranstaltungen oder auch Einführungsseminaren sehr ähnlich. Auch sie finden mit einer größeren Zahl neu eingestellter Mitarbeiter statt und dienen dem Kontaktaufbau zwischen diesen.

Sie starten allerdings unmittelbar am ersten Arbeitstag bevor es zur eigentlichen Arbeitsaufnahme kommt und dauern i.d.R mehrere Tage bis max. eine Woche. Dabei geht es nicht nur darum, die neuen Mitarbeiter mit Informationen zu versorgen, sondern ihnen durch gezielte Aktionen einen lockeren Einstieg in das Unternehmen zu ermöglichen. Bei Eingewöhnungsveranstaltungen wird dabei ein gesteigerter Wert auf die aktive Teilnahme der neuen Mitarbeiter gelegt. Beispiele für solche Veranstaltungen bzw. deren Inhalt sind z.B. Fahrsicherheitstrainings, ein Theaterbesuch, eine Stadtbesichtigung oder auch alles zusammen.

Da solche Veranstaltungen häufig kostenintensiv und z.T. auch sehr aufwendig sind, finden sie eher im Rahmen der Einstellung von Mitarbeitern auf höheren Positionen statt.

D.II.9 Gesamtbetrachtung der Maßnahmen / Instrumente für die Mitarbeiterintegration

Es existiert, wie vom Autor dargelegt, eine Vielzahl von Instrumenten und Maßnahmen, die der Integration neuer Mitarbeiter dienen. Und es lassen sich mit Sicherheit z.B. im Rahmen einer Unternehmensbefragung noch mehr finden, die teilweise nur in einem einzigen Unternehmen zur Anwendung kommen.

Welche Maßnahme die geeignetste ist, oder ob gar alle genutzt werden sollten, sollte je nach Unternehmen separat entschieden werden. Dabei dürfte die Unternehmensgröße ebenso eine Rolle spielen wie auch die zukünftige Tätigkeit des neuen Mitarbeiters. Ein Unternehmen mit beispielsweise 100 Mitarbeitern wird kaum eine so große Zahl von Neueinstellungen haben, dass sich eine Orientierungsveranstaltung oder ein Einführungsseminar lohnt.

Einführungsschriften hingegen können auch in kleinen Unternehmen gut Anwendung finden, wenn auch ihr Umfang kleiner ausfallen dürfte als in Großbetrieben.

Gleiches gilt für Initiationsrituale. Diese können sich bei kleinen Unternehmen sogar positiver auswirken, da sie seltener sind und somit den Charakter des Besonderen behalten. In großen Unternehmen werden sie schnell durch ihr häufiges Auftreten zur Routine und finden dadurch immer weniger Beachtung.

Es existiert also kein Patentrezept für den richtigen Einsatz von Instrumenten und Maßnahmen, allerdings hilft ihre Kenntnis, das beste Rezept für das eigene Unternehmen zu finden. Wie heißt es doch so schön: Auf die Mischung kommt es an!

D.III (Häufige) Fehler im Integrationsprozess

Während des Integrationsprozesses gibt es eine Vielzahl möglicher Fehlerquellen, die sich aber nach Meinung des Autors schon alleine dadurch vermeiden lassen, wenn sie bekannt sind. Teilweise ergeben sich mögliche Fehlerquellen schon durch die Aufgaben der beteiligten Parteien am Integrationsprozess, dann nämlich, wenn sie ihrer Aufgabe nicht nachkommen, teilweise tauchen aber auch neue Gesichtspunkte auf. Aus diesem Grund hat der Autor sich entschlossen, (häufige) Fehler im Integrationsprozess in einem separaten Gliederungspunkt zu behandeln und darzustellen.

D.III.1 Falscher Umgang mit Informationen durch den Vorgesetzten

Einige Vorgesetzte betrachten Informationen als Macht (Scientia potestas est = Wissen ist Macht), von der sie sich nur ungern trennen möchten und geben deshalb nur sehr wenige Informationen weiter. Geschieht dies doch, dann wird die Weitergabe von Teilinformationen als eine Form der Gnade angesehen (Divide et impera = Teile und herrsche) und auch so dargestellt. Die Folgen einer solchen Informationspolitik sind Gerüchte, Cliquenwirtschaft, ein schlechtes Arbeitsklima und damit verbunden auch eine schlechte Arbeitsleistung. Zudem betrachtet der neue Mitarbeiter das Vorenthalten von wichtigen Informationen als eine Form der Nichtachtung seiner Person und er verliert das Vertrauen in seinen Arbeitgeber.[158]

Aus diesem Grund empfiehlt der Autor jedem Vorgesetzten eine offene und sachliche Informationspolitik ohne irgendwelche Tabus.

D.III.2 Falsche Einführungsstrategie

Es existieren verschiedene Strategien für die Einführung neuer Mitarbeiter. Welche gewählt wird, hängt von der jeweiligen Situation ab. Allerdings gilt die „Wirf-ins-kalte-Wasser-Strategie" nicht als angemessen. Im Gegenteil, sie beinhaltet erhebliche Risiken.

Bei der „Wirf-ins-kalte-Wasser-Strategie" wird der neue Mitarbeiter mit einigen wenigen Basisinformationen versorgt und dann sich selbst überlassen. Es ist die Absicht, dass er sich die notwendigen Informationen und Kenntnisse, die er benötigt, selber verschafft und/oder sie sich bei anderen abschaut. Diese Strategie beinhaltet aber erhebliche Risiken:[159]

o Die Aneignung von Informationen und Kenntnissen erfolgt eher zufällig als systematisch und bleibt daher aller Wahrscheinlichkeit nach lückenhaft.

o Das Verfahren der Einarbeitung wird unnötig in die Länge gezogen.

o Durch das Wissen des neuen Mitarbeiters, dass ihm Informationen fehlen, kommt es seinerseits zu Unsicherheiten.

o Misserfolge werden ohne die Schuld des neuen Mitarbeiters unvermeidlich.

o Das Wissen darüber bewirkt Frustration, Verdrossenheit und Resignation seitens des neuen Mitarbeiters.[160]

---

[158] Vgl. *Kratz*, Neue Mitarbeiter, 1997, S.23.
[159] Vgl. *Richter*, Personalführung, 1989, S.341.
[160] Vgl. *Richter*, Personalführung, 1989, S.341.

Die Folge ist ein erhöhtes Risiko der Frühfluktuation, hervorgerufen durch die Verdrängung der mit der Einstellung verbundenen positiven Hoffnung durch negative Erlebnisse.

Vorgesetzte begründen die Wahl der „Wirf-ins-kalte-Wasser-Strategie" häufig damit,

o dass ein wirklich guter Mitarbeiter sich schon „durchbeißen" und sich ohne große Hilfestellung einarbeiten wird. Schafft er dies nicht, ist er kein guter Mitarbeiter und es kann auf ihn verzichtet werden.

o dass auf Dauer nur das gut ist, was hart macht.

o dass die „Ochsentour" bisher noch immer zum Erfolg geführt hat und auch er, der Vorgesetzte, durch die „harte Schule" gehen und sich alles selber aneignen musste.[161]

Diesen Begründungen fehlt in den Augen des Autors jede Grundlage. Sie erinnern stark an den Darwinismus und nicht an ein menschlich geführtes Unternehmen. Nicht jeder neue Mitarbeiter hat die gleichen Fähigkeiten und nicht jeder neue Mitarbeiter ist so, wie es der Vorgesetzte „vielleicht" einmal war.

Mit Sicherheit existieren auch Personen, die die „Wirf-ins-kalte-Wasser-Strategie" überleben und gute Arbeitsleistungen erbringen, aber es existiert mit Sicherheit eine größere Zahl von Personen, die bei dieser Strategie im kalten Wasser ertrunken sind.

Neben der „Wirf-ins-kalte-Wasser-Strategie" existieren noch die „Schonstrategie" (den neuen Mitarbeiter lange in Ruhe lassen und wenig fordern → der neue Mitarbeiter sitzt nur rum und hat nichts zu tun) und die „Entwurzelungsstrategie" (Konfrontation des neuen Mitarbeiters mit schwierigen bzw. unlösbaren Aufgaben), welche ebenfalls als nicht geeignet betrachtet werden sollten.[162]

Als geeignet gelten vielmehr Strategien, die eine fordernde, aber zugleich lösbare Aufgabenstellung beinhalten.

---

[161] Vgl. *Kratz*, Neue Mitarbeiter, 1997, S.20.
[162] Vgl. *Berthel*, Personalmanagement, 2003, S.240.

D.III.3 Falsche Informationspolitik

Neben dem falschen Umgang mit Informationen seitens des Vorgesetzten existieren noch weiter Möglichkeiten, mit Informationen
falsch umzugehen. Dies beginnt nach Ansicht des Autors damit,
dass

- o falsche Informationen über die Stelle und ihrer Aufgabe vermittelt wurden. Dies führt spätestens beim Arbeitsbeginn
  zwangsläufig zu Missverständnissen und Enttäuschungen.

- o dass dem neuen Mitarbeiter zu viele Informationen auf einmal
  vermittelt werden. Dies führt i.d.R. dazu, dass das Gehirn ab-
  blockt und keine Informationen mehr aufnimmt.

- o dass grundlegende Informationen wie z.B. über die Infrastruk-
  tur des Unternehmens oder über die Betriebsorganisation
  fehlen.

Dies alles sind Fehler im Integrationsprozess, die sich leicht vermeiden lassen.

D.III.4 Sonstige Fehler im Integrationsprozess

Weitere (häufige) Fehler im Integrationsprozess werden vom Autor
nachfolgend aufgezählt. Sie zu vermeiden ist ein leichtes, wenn sie
bekannt sind. Diese Fehler sind:

- o Eine nicht vorhandene oder unklare Stellenbeschreibung

- o Ein nicht vorbereiteter Arbeitsplatz

- o Gar nicht oder nur unzureichend über die Einstellung eines
  neuen Mitarbeiters informierte Kollegen

- o Fehlende Zeit zur Betreuung und Instruktion des neuen Mitarbeiters

- o Keine persönliche Begrüßung durch den Vorgesetzten am ersten Arbeitstag

o Nicht Einhalten eines vorher besprochenen Einführungsprogramms

o Vermittlung des Eindrucks gegenüber dem neuen Mitarbeiter, dass dieser stört, überflüssig und sein Vorwissen uninteressant ist

o Fehlendes regelmäßiges Feedback

D.III.5 Fehlerfolgen / Lösungsansatz

Die Folgen möglicher Fehler im Integrationsprozess sind offensichtlich und z.T. auch schon in der Einleitung erwähnt worden. Sie beginnen bei verminderter Arbeitsleistung und enden bei der Kündigung durch den neuen Mitarbeiter noch während der Probezeit (Frühfluktuation).

Dies ist allerdings vermeidbar, wenn man sich der Fehlerquellen bewusst wird und die Instrumente nutzt, die für eine erfolgreiche Integration zur Verfügung stehen.

„In der betrieblichen Praxis [allerdings, T.L.] werden die Einführungsinstrumente zumeist nur auf ihre individuellen Stärken und Schwächen hin untersucht und die als am effektivsten Erachteten einzeln angewandt oder in einem beliebigen Instrumenten-Mix zusammengefaßt [!]. Sinnvoller wäre jedoch eine systematische und weitgehend begründete Auswahl sowie eine Integration in die Unternehmungsziele und –strategien."[163]

D.IV Besonderheiten im Integrationsprozess

Im Rahmen des Integrationsprozesses neuer Mitarbeiter gibt es einige Besonderheiten zu beachten, die vom Autor bisher nur beiläufig

---

[163] *Berthel*, Personalmanagement, 2003, S.240.

erwähnt wurden und daher noch einmal explizit genannt werden sollen.

Dabei geht es vor allem um die Berücksichtigung von Eigenarten der neuen Mitarbeiter, ein Punkt, der in der Literatur so gut wie keine Beachtung findet.

Zum einen kommt es darauf an, ob es sich bei dem neuen Mitarbeiter um einen Mitarbeiter handelt, der im Rahmen der internen oder der externen Personalbeschaffung eingestellt wurde. Bei einer Einstellung im Rahmen einer internen Personalbeschaffung kann mit Sicherheit auf einige Punkte im Rahmen des Integrationsprozesses verzichtet werden, die dem neuen Mitarbeiter und/oder dem Unternehmen bekannt sind. So dürfte z.B. eine Vervollständigung der Unterlagen der Personalabteilung ebenso überflüssig sein, wie eine Betriebsbesichtigung oder Informationen über betriebliche Sozialleistungen, etc. Es sollten in diesem Fall nur die Punkte Berücksichtigung finden, die wirklich neu für den „neuen" Mitarbeiter sind.

Ein anderer Gesichtspunkt ist die Einstellung ausländischer Mitarbeiter. Zwar kann ein Unternehmen von diesen gewisse Sprachkenntnisse erwarten, es ist aber sicherlich sinnvoll, ihnen schriftliche Informationen in ihrer Landessprache zur Verfügung zu stellen, um Unklarheiten zu vermeiden. Hierbei ist es auch positiv, wenn ein evtl. eingesetzter Pate oder Mentor die Landessprache des neuen Mitarbeiters beherrscht und dadurch ein noch besserer Ansprechpartner sein kann.

Es existieren mit Sicherheit noch viele weitere Gesichtspunkte, die einzeln genannt werden können. Im Ergebnis läuft aber alles auf dasselbe hinaus. Es kommt bei der Integration darauf an, die Eigenschaften des neuen Mitarbeiters und seine zukünftige Position zu berücksichtigen und alle Maßnahmen des Integrationsprozesses darauf hin auszurichten.

E. Kritische Betrachtung

Ziel dieser Diplomarbeit ist es, wie der Untertitel „Ein Leitfaden für die praktische Anwendung" schon sagt, Gestaltungsmöglichkeiten und Handlungsalternativen für den Integrationsprozess neuer Mitarbeiter aufzuzeigen, damit es nicht zu Situationen kommt, wie sie Frau Augustin in der Einleitung erlebt hat.

Dabei existiert mit Sicherheit kein Patentrezept zur richtigen Einführung neuer Mitarbeiter, welches für alle Betriebe, unabhängig von Branche, Größe und Belegschaftsstruktur Gültigkeit hat, aber der Autor ist der Überzeugung, dass jedes Unternehmen, unabhängig von Branche, Größe und Belegschaftsstruktur in der Lage ist, ein Einführungsprogramm für neue Mitarbeiter zu entwickeln. Die Bausteine dazu sind in dieser Diplomarbeit genannt.

Wie wichtig die Integration neuer Mitarbeiter ist und welche Kosten durch eine fehlende oder falsche Integration verursacht werden, ist bereits in der Einleitung dargelegt worden. Die Frage ist nur, wissen dies auch die Unternehmen. Da in dieser Diplomarbeit hierzu keine empirischen Untersuchungen durchgeführt wurden, kann der Autor hierzu keine Aussagen machen und möchte auch keine Vermutungen äußern, um der Gefahr von Fehleinschätzungen vorzubeugen.

Sicher ist aber, dies kennt der Autor aus eigenen Erfahrungen, dass immer noch Unternehmen existieren, in denen es keine Einführungsprogramme gibt, sondern bei denen die neuen Mitarbeiter von Anfang an voll in den Arbeitsablauf eingebunden werden.

Dem möglichen Argument der Kosten eines Einarbeitungsprogramms kommt der Autor zuvor, indem er auf die Darst. 3: „Folgen des ersten Eindrucks" verweist. mit Hilfe eines guten Einarbeitungsprogramms lassen sich positive Eindrücke erreichen, was letztendlich zur Gewinnmaximierung führen sollte. Schließlich muss immer erst investiert werden, bevor es zu Erträgen kommt und manchmal kann es schon ausreichen, wenn dem neuen Mitarbeiter ein verantwortungsbewusster Pate an die Seite gestellt wird, der den Einführungsprozess positiv beeinflusst.

Zudem sollte sich jedes Unternehmen bewusst sein, dass es an Attraktivität auf dem Arbeitsmarkt verliert, wenn es Investitionen im Personalbereich auf Kosten der Mitarbeiter scheut. Dies mag in

Zeiten hoher Arbeitslosigkeit eine nicht so starke Rolle spielen, aber die Zeiten können sich auch ändern.

Es existiert in den Augen des Autors demnach kein Argument, welches den Verzicht auf ein Integrationsprogramm für neue Mitarbeiter rechtfertigt.

Für die in der Einleitung gestellte Frage zur Situation von Frau Augustin „Muss das so sein?" gibt es daher nur eine Antwort: Nein, es muss nicht so sein! Es könnte z.B. auch folgendermaßen ablaufen:

... Der Pförtner, der einige Tage vorher über die Ankunft eines neuen Mitarbeiters informiert wurde, begrüßt Frau Augustin freundlich und bittet sie, kurz zu warten. Er informiert einen Mitarbeiter der Personalabteilung wie vorher vereinbart über ihre Ankunft. Dieser kommt dann zum Eingang, um Frau Augustin zu begrüßen und in die Personalabteilung zu begleiten. Dort erhält Frau Augustin dann von ihm neben ihrem Werksausweis und ihrer Stempelkarte eine Informationsbroschüre für neue Mitarbeiter. Dann führt der Mitarbeiter sie in Ihre zukünftige Abteilung und stellt sie ihrem neuen Meister vor. Dieser bittet Frau Augustin zunächst einmal in sein Büro und es folgt bei gelöster Atmosphäre und einer Tasse Kaffee ein lockeres Gespräch. Themen des Gesprächs sind u.a. Frau Augustins alte Tätigkeit, ihre Familie, die Rolle der Abteilung, etc. Nach ca. einer halben Stunde ist das Gespräch beendet und der Meister zeigt Frau Augustin die Abteilung und ihren zukünftigen Arbeitsplatz, der so ausschaut, als ob sie gleich mit der Arbeit loslegen könnte. Während des Rundgangs stellt er ihr auch gleich ihre zukünftigen Kollegen vor, die sie ebenfalls herzlich begrüßen und ihr den Eindruck vermitteln, dass sie schon lange auf sie warten und dass sie sehr willkommen ist. Am Ende stellt er ihr noch Frau Schneider vor, eine bereits seit langer Zeit in der Abteilung tätige Kollegin, die sich bestens mit den Gepflogenheiten der Abteilung auskennt und die sie in den nächsten Tagen und Wochen betreuen und ihr die ersten Arbeitschritte zeigen soll...

Diese Geschichte lässt sich stetig weiter fortführen und soll zeigen, dass es auch andere Möglichkeiten gibt, wie ein Unternehmen mit neuen Mitarbeitern umgehen kann. Welche Vorgehensweise Frau Augustin bevorzugt, dürfte dabei klar sein.

F. Fazit

Der Autor hat in der vorliegenden Diplomarbeit versucht, alle wesentlichen Aspekte der Integration neuer Mitarbeiter theoretisch aufzuzeigen mit dem Ziel, dass sie als Leitfaden für eine praktische Umsetzung genutzt werden können.

Dabei hat sich die Thematik der Mitarbeiterintegration während der Anfertigung der Arbeit wesentlich vielschichtiger dargestellt, als der Autor ursprünglich angenommen hatte, wobei er dies keinesfalls negativ bewertet. Vielmehr ist ihm dadurch die Komplexität einer erfolgreichen Integration neuer Mitarbeiter deutlich geworden, ebenso wie die Notwendigkeit der sorgfältigen Durchführung einer solchen.

Umso unverständlicher erscheint es dem Autor daher, dass es lt. Hörensagen noch immer Unternehmen gibt, die auf eine ausführliche und umfassende Integration verzichten und stattdessen die „Wirf-ins-kalte-Wasser-Strategie" bevorzugen.

Der Autor kommt daher rückblickend zu dem Ergebnis, dass es für die Integration neuer Mitarbeiter nur ein Gebot gibt, das immer befolgt werden sollte:

„Jemanden ins kalte Wasser werfen, ist verboten!"

Daraus ergeben sich dann alle weiteren Maßnahmen.

Anhangverzeichnis

Anhang

Anhang 1: Beispiel für eine Checkliste für die Mitarbeitereinführung

Arbeitshilfe
Mitarbeitereinführung vor dem ersten Arbeitstag

vorbereitet und organisiert durch Frau / Herrn:

_____ (Vorgesetzte/r)   Org.-kennz.:_____

für Frau / Herrn:

_____ (neue/r Mitarbeiter/in) Org.-kennz.:_____

Diese Arbeitshilfen erhalten Sie vom Dezernat 5 (51-3), Tel. -2895.

vorbereiten, klären, organisieren, durchführen:	entfällt	erledigt	wann	durch wen
1. Anschreiben zum Dienstbeginn (mit Dezernat 2 abstimmen)				
Wann soll der/die "Neue" beginnen (Uhrzeit)?	☐	☐		
Wo soll er/sie sich melden?	☐	☐		
Bei wem soll er/sie sich melden?	☐	☐		
Benötigt er/sie einen Wege- und Gebäudeplan zur Orientierung?	☐	☐		
2. Arbeitsplatz einrichten				
Wo soll der/die "Neue" sitzen (Raum besorgen)?	☐	☐		
Namensschild an der Tür angebracht?	☐	☐		
Grundausstattung an Arbeitsmitteln zusammengestellt?	☐	☐		
Welche PC-Hard- + Software benötigt der/die "Neue" und wer kümmert sich um die Beschaffung?	☐	☐		
Genügt die vorhandene Raumausstattung, müssen weitere Möbel beschafft werden?	☐	☐		
Ist ein Telefon vorhanden?	☐	☐		
3. Mitarbeiter/innen informieren				
Aufgaben und Funktion der/des "Neue/n" bekanntgegeben?	☐	☐		
Wie heißt der/die "Neue"?	☐	☐		
Wann fängt die/der "Neue" an?	☐	☐		
Wer wird Startbegleiter/in sein?	☐	☐		

bitte wenden

Dezernat 5, 22. Februar 2001

vorbereiten, klären, organisieren, durchführen:	entfällt	erledigt	wann	durch wen

4. Ersten Arbeitstag und Einarbeitung vorbereiten

Genügend Zeit für die Begrüßung reserviert?	☐	☐		
Ist für eine freundliche Begrüßung gesorgt (z.B. Blumenstrauß als kleine Aufmerksamkeit)?	☐	☐		
Wem muß der/die "Neue" am ersten Tag vorgestellt werden (Plan)?	☐	☐		
Unterlagen zur selbständigen Einarbeitung zusammengestellt?	☐	☐		
Inhalte und Stationen der Einarbeitungszeit (evtl. in Absprache mit anderen Beteiligten) festgelegt?	☐	☐		
Betreuungsaufgaben mit Startbegleiter/in abgestimmt?	☐	☐		
Konkreten Arbeitseinsatz für alle Beteiligten klar formuliert?	☐	☐		

5. Organisatorisches

Ist der/die "Neue" bei der Telefonzentrale und im Telefonverzeichnis registriert?	☐	☐		
Welche Schlüssel soll der/die "Neue" bekommen (Rückgabe sichern)?	☐	☐		
Ist der/die "Neue" für das Vorlesungsverzeichnis etc. erfaßt?	☐	☐		

6. Weitere Punkte?

Dezernat 5, 22. Februar 2001

Arbeitshilfe (Blatt 1)
Die ersten drei Monate der Probezeit

vorbereitet und organisiert durch Frau / Herrn:

_____ (Vorgesetzte/r)   Org.-kennz.:_____

für Frau / Herrn:

_____ (neue/r Mitarbeiter/in) Org.-kennz.:_____

Diese Arbeitshilfen erhalten Sie vom Dezernat 5 (51-3), Tel. -2895.

vorbereiten, klären, organisieren, durchführen:	entfällt	erledigt	wann	durch wen
1. Begrüßung				
Persönliches Gespräch über Werdegang und berufliche Ziele führen	☐	☐		
Über Einführungshilfen für neue Mitarbeiter/innen informieren	☐	☐		
Einordnung der Stelle in die Betriebsorganisation erläutern	☐	☐		
Arbeitsthematik und Arbeitsaufgaben erklären:	☐	☐		
⇒ im betrieblichen Gesamtrahmen	☐	☐		
⇒ Schwerpunkte des Arbeitsgebietes	☐	☐		
⇒ Beschreibung und ggf. Anleitung	☐	☐		
Regeln und Vereinbarungen über die Zusammenarbeit mit Kollegen und Vorgesetzten	☐	☐		
⇒ ggf. mündl. Informationen und Unterlagen zum Mitarbeiter-Vorgesetzten-Gespräch geben	☐	☐		
⇒ besondere Regeln des Arbeitsbereiches	☐	☐		
2. Vorstellung von Kollegen/Ansprechpartnern				
direkte/r Vorgesetzte/r	☐	☐		
Bereichsvorgesetzte/r	☐	☐		
Kollegen aus dem eigenen Arbeitsbereich	☐	☐		
andere Mitarbeiter, mit denen er/sie zu tun hat	☐	☐		
"Startbegleiter/in"	☐	☐		

bitte wenden

Dezernat 5, 22. Februar 2001

vorbereiten, klären, organisieren, durchführen:	entfällt	erledigt
Sekretariat	☐	☐
ggf. Raumpflege	☐	☐
ggf. Haus- u. Betriebstechnik	☐	☐

3. Orientierung

	entfällt	erledigt
Arbeitsplatz zeigen	☐	☐
Faxgerät und -funktion zeigen	☐	☐
Gebäuderundgang	☐	☐
Kopierer zeigen	☐	☐
Materialausgabe zeigen	☐	☐
Mensa und andere Versorgungsmöglichkeiten zeigen	☐	☐
Postfach zeigen	☐	☐
ggf. Sammelbehälter f. Wertstoffsammlung zeigen	☐	☐
ggf. Sanitärräume zeigen	☐	☐
Schwarzes Brett zeigen	☐	☐
ggf. Sonderabfallstelle zeigen	☐	☐
Umkleidemöglichkeit zeigen	☐	☐
Universitätsrundgang (zentrale Einführungsveranstaltung)	☐	☐
wichtige Formularvordrucke zeigen	☐	☐
Telefonanlage: Funktion u. Bedienung erklären	☐	☐
E-mail: Funktion u. Bedienung erklären	☐	☐
weitere Punkte:		

weiter auf Blatt 2

Dezernat 5, 22. Februar 2001

Arbeitshilfe (Blatt 2)
Die ersten drei Monate der Probezeit

vorbereiten, klären, organisieren, durchführen:	entfällt	erledigt	wann	durch wen
4. Information				
Sicherheitsvorschriften	☐	☐		
Unfallverhütung	☐	☐		
Diebstahlgefahr	☐	☐		
Fensterschließung	☐	☐		
Erklärung technischer Anlagen	☐	☐		
Arbeitszeiterfassung	☐	☐		
Urlaubsregelung (incl. Formulare)	☐	☐		
Termine von Gehalts- und Sonderzahlungen	☐	☐		
Dienstreiserichtlinien	☐	☐		
Personalentwicklung / Fort- und Weiterbildung	☐	☐		
Bildungsurlaub	☐	☐		
Ausgleichstage (38,5 Std.-Woche)	☐	☐		
über "betriebliche" Einrichtungen informieren:	☐	☐		
⇒ Betriebs- und Hochschulsport	☐	☐		
⇒ Bücherei	☐	☐		
⇒ zentrale Warenannahme	☐	☐		
⇒ zentraler Einkauf	☐	☐		
⇒ Medienzentrale	☐	☐		
⇒ Postförder+Verteilsystem	☐	☐		
Funktionsbereiche der Universität (Dezernate, Dezentrale Verwaltung, Werkstätten etc.) erklären	☐	☐		
Größe und Struktur der Universitätsbelegschaft erläutern	☐	☐		
Betriebsarzt	☐	☐		
ggf. Schwerbehindertenvertrauensfrau/-mann	☐	☐		
Sicherheitsbeauftragte/r	☐	☐		
Datenschutzbeauftragte/r	☐	☐		

bitte wenden

Dezernat 5, 22. Februar 2001

vorbereiten, klären, organisieren, durchführen:	entfällt	erledigt	wann	durch wen
Sprechzeiten in der Universität	☐	☐		
Abfallrichtlinien/Wertstoffrichtlinien	☐	☐		
Parkgebühren	☐	☐		
Welches Faxgerät steht zur Verfügung?	☐	☐		

5. Einarbeitung

Arbeitsunterlagen und -abläufe erklären	☐	☐		
Arbeitsaufgaben, Kompetenzen, Verantwortung erläutern	☐	☐		
Arbeitsausführung begleiten und prüfen	☐	☐	laufend	
Arbeitsergebnisse besprechen	☐	☐	laufend	
Fortschritte anerkennen	☐	☐	laufend	
Ggf. Hilfestellung geben	☐	☐	laufend	

6. Begleiten und prüfen

Systematisch um den/die "Neue/n" kümmern	☐	☐	laufend	
Ggf. unmittelbaren Vorgesetzten nach Erfahrungen fragen:	☐	☐		
⇒ nach 1 Woche	☐	☐		
⇒ nach 4 Wochen	☐	☐		
Gespräch nach 4 Wochen führen	☐	☐		
Beurteilungsgespräch **spätestens** nach drei Monaten führen)	☐	☐		

7. Beurteilung

Eignung oder Nichteignung in der Probezeit feststellen	☐	☐		
Entscheidung über Übernahme nach der Probezeit	☐	☐		

Stand: Januar 1998

Dezernat 5, 22. Februar 2001

Quelle: *Dezernat 5*, Startbegleitung, 2001.

Anhang 2: Beispiel für ein Merkblatt für einen Paten

Sehr geehrte/r _____,

am _____ um _____ nimmt

(Vorname, Name) _____

in unserem Betrieb/in unserer Abteilung seine/ihre Tätigkeit als

_____

auf.

Da Sie Ihre Bereitschaft erklärten, dem Neuling bei der Bewältigung anfänglicher Probleme zu helfen, bestelle ich Sie hiermit zum »Paten«. Für die Übernahme dieser wichtigen Aufgabe danken wir Ihnen sehr herzlich.

Durch Ihre Mithilfe soll unser neuer Kollege/unsere neue Kollegin

● sich mit der Arbeitsumgebung schnell vertraut machen,

● bald einen arbeitsfördernden Kontakt zu Mitarbeitern, Kollegen und sonstigen Gesprächs- und Geschäftspartnern herstellen,

● möglichst schnell in unseren Betrieb/in unsere Abteilung integriert werden,

● anfängliche fachliche wie auch störende persönliche Probleme bald lösen und

● von Beginn an ein gewisses Maß an »Nestwärme« erfahren.

Für diese zusätzliche verantwortungsvolle Aufgabe wünsche ich Ihnen, dem neuen Mitarbeiter und uns allen recht viel Erfolg!

Mit freundlichen Grüßen

Quelle: *Kratz*, Neue Mitarbeiter, 1997, S.34.

ANHANG 3: Beispiel für ein „Steckbrief" eines neuen Mitarbeiters

„Steckbrief" unseres neuen Kollegen

Name, Vorname   :

Geburtsdatum   :

Ausbildung   :

Eintrittsdatum   :

Geschäftsbereich   :

Tätigkeitsbereiche :

Hobby(s)   :

Familienstand   :

Schwerpunkte der bisherigen Tätigkeit :

Quelle: *Wagner*, Personalleitung, 1992, S.580.

Literaturverzeichnis

Berthel, Jürgen / Becker, Fred G.

(Personalmanagement, 2003):

Personal-Management: Grundzüge für Konzeptionen betrieblicher Personalarbeit,

7. Aufl., Schäffer-Poeschel, Stuttgart 2003.

Bisani, Fritz

(Personalwesen, 1995):

Personalwesen und Personalführung: Der state of the art der betrieblichen Personalarbeit,

4. Aufl., Gabler, Wiesbaden 1995.

Buchwald, Claus / Boese-Hetzen, Katharina

(Hire & Fire-Fibel, 2002):

Die Hire-&-fire-Fibel: Wie sie die richtigen Mitarbeiter finden und die falschen loswerden,

Redline Wirtschaft bei Moderne Industrie, München 2002.

Dezernat 5

(Startbegleitung, 2001):

Startbegleitung und Einführung neuer Mitarbeiter/innen des Dienstleistungsbereichs der Universität Bremen: Konzept und praktischer Leitfaden für Führungskräfte, Startbegleiter/innen und Mitglieder von Anhörungskommissionen, 2001, www.dezernat5.uni-bremen.de/pdf/startbegleitung.pdf, 02. August 2001.

Golas, Heinz G.

(Der Mitarbeiter, 1997):

Der Mitarbeiter: ein Lehrbuch für Personalführung,

9.Aufl., Cornelsen Girardet, Berlin 1997.

Harlander, Norbert et al

(Lehrbuch Personal, 1991):

Praktisches Lehrbuch Personalwirtschaft,

2. Aufl., Moderne Industrie, Landsberg/Lech 1991.

Jung, Hans

(Personalwirtschaft, 2003):

Personalwirtschaft,

5. Aufl., Oldenbourg, München, Wien 2003.

Kratz, Hans-Jürgen

(Neue Mitarbeiter, 1997):

Neue Mitarbeiter erfolgreich integrieren: Nutzen sie ein praxis-
erprobtes Einführungskonzept,

Ueberreuter, Wien 1997.

Krieg, Hans-Jürgen / Ehrlich, Harald

(Personal, 1998):

Personal: Lehrbuch mit Beispielen und Kontrollfragen,

Schäffer-Poeschel, Stuttgart 1998.

Microsoft Corporation

(Encarta, 2002):

Encarta Enzyklopädie Professional 2003,

in: CD, Microsoft Corporation, o.O., o.J. [©2002]

o.V.

(Duden, 1994):

Duden: Das große Fremdwörterbuch,

Dudenverlag, Mannheim 1994.

Richter, Manfred

(Personalführung, 1989):

Personalführung im Betrieb: Die theoretischen Grundlagen und ihre praktische Anwendung,

2. Aufl., Hanser, München, Wien 1989.

Rosenstiehl, Lutz von (Hrsg.) et al

(Mitarbeiterführung, 1999):

Führung von Mitarbeitern: Handbuch für erfolgreiches Personalmanagement,

4. Aufl., Schäffer-Poeschel, Stuttgart 1999.

Wagner, Dieter (Hrsg.) et al

(Personalleitung, 1992):

Handbuch der Personalleitung: Funktionen und Konzeptionen der Personalarbeit im Unternehmen,

Beck, München 1992.

Weber, Wolfgang et al

(Taschenlexikon, 1997):

Taschenlexikon Personalwirtschaft,

Schäffer-Poeschel, Stuttgart 1997.

www.ingramcontent.com/pod-product-compliance
Lightning Source LLC
Chambersburg PA
CBHW020844210326
41598CB00019B/1963